記憶脳《きおくのう》

OUTPUT
MEMORIZATION

新版・覚えない記憶術

精神科医
樺沢紫苑

サンマーク出版

新版に寄せて

「AI時代に記憶力なんか必要ない」という大ウソ

「わからなければ、ネットで調べればいい」
「スマホがあれば、細かい数字などいちいち記憶しなくてもいい」
「ChatGPTに聞けば何でもわかる」
「AI時代に、記憶力なんて必要ない」

もし、そう思うとしたら、あなたは「記憶力」の本当の仕組みをご存じないのかもしれません。

インターネット時代、AI時代では、スマホ1台あれば、いつでも必要な情報を引き出すことができます。例えば、統計の数字を1つ1つ丸暗記する必要はありません。

しかし、どんな検索キーワードを使えば、瞬時に検索されるのか、情報を引き出せるかというスキルがなければ、ネット上に蓄積された膨大な情報から必要な情報にアクセスできません。単なる宝の持ち腐れとなります。

ほとんどの人は、「記憶」というとき、脳に情報を保存すること、記憶を「保持」することしか考えませんが、学習科学的には、記憶には3つのプロセスがあります。

「記銘（コード化）」
「保持（貯蔵）」
「想起（検索）」

記憶の「入口」「保持」「出口」と言うとわかりやすいかもしれません。

真ん中の記憶の「保持（貯蔵）」は、いまやデジタルやネットで代用され、パソコンやスマホなどのデジタル機器、あるいはネットのクラウド上に情報を保存できるようになりました。ChatGPT の登場で、インターネット上に蓄えられた「集合知」を、自分の記憶のようにすぐに引き出すこともできます。それは凄いことで、記憶できる情報の総量は膨大となり、人間の脳をはるかに凌駕しています。

しかし、記憶を「保持（貯蔵）」することは記憶の1パートにすぎません。

記憶の「入口」と「出口」の精度と質はどうでしょうか。個人の情報や記録といったものは、パソコンやスマホに情報を「入力」しておかないと、後でアクセスすることはできません。入力に膨大な時間がかかったり、どこに情報を保存したかわからなくなってしまっては、むしろ不便です。

あるいは、ネットで検索する場合も、「検索が上手な人」と「検索が下手な人」がいます。1つの情報に到達するのに、30秒でできる人と、10分かかる人がいますし、30分かかっても、必要な情報に到達できない人もいます。

最近では人工知能、ChatGPTに適切な質問をなげれば、たちまちに「最適解」を返してくれます。しかし、こんな便利なサービスがあるというのに、活用できている人は非常に少ない。つまり、「記憶の出口」である「想起（検索）」のスキルを磨かないと、全体としての「記憶力」はアップしないのです。

記憶の「入口」と「出口」を鍛えれば記憶ポテンシャルは無限化する

今、ここにスマホがあります。「入力すること」と、「出てきた情報を読むこと」は、間違いなく人間の仕事です。

「情報の保持」は、デジタル、インターネット、ＡＩのおかげで、ほぼ無限の情報が得られるというのに、「入口」と「出口」の人間パートの効率が悪ければ、どんなに素晴らしい情報も効率的に活用できません。10億円の銀行預金を持っているのに、ＡＴＭから１日１０００円しか引き出せないようなものです。

この、「入口」と「出口」を強化すると、記憶力は「無限に」そのポテンシャルを高めることができます。

インプットとアウトプットを上手に回して、人間の脳とデジタル脳を一体化させた「記憶脳」を手に入れることができれば、仕事や学びの効率は、10倍、いや１００倍以上も変わってくるでしょう。

一昔前の記憶力の定義は、「どれだけたくさんのことを覚えられるか」でしたが、これが大きく変わりました。ＡＩ時代の記憶力の定義は、検索能力も含めて「保存された情報を上手に使う能力」です。「情報」の保存場所は、自分の脳内、パソコン／スマホ、インターネット上、ＡＩのデータベース、何を使ってもいいのです。「定義の変更」というよりは、「ルールの変更」です。

ネット上の情報を自分の脳内の情報のように活用できるとするならば、私たちの「記憶力」は、事実上、無限になります。この劇的な時代の変化を理解した上で、あなたは「AI時代に記憶力なんか必要ない」と言えるでしょうか？

AI時代を先取りした一冊

本書『記憶脳』は、2016年に発売された『覚えない記憶術』の改訂版となります。最先端の脳の使い方は、第5章の「無限の記憶を獲得する〜精神科医の『ソーシャル記憶術』」で詳しく解説しています。「ネット上の情報を脳内にある情報と同様に活用する」方法を、具体的にお伝えしていて、「ネット上の情報」とは、ChatGPTやAIがアクセスする情報も含まれます。

8年前にはChatGPTなど存在していないのに、我ながらなんという未来予測でしょう。インターネットを外付け記憶として活用しようというのは、アニメ『攻殻機動隊』のようなSFの世界ではあっても、当時、「記憶術」の1つとして扱ったビジネス書はありませんでした。今読んでも非常に新鮮で、ようやく時代が追いついてきた感があります。

これからAIの利用が激増し、本当のAI時代に突入する「今」のタイミングで、AI時代に完全対応した本書を、多くの人に読んで欲しいと思います。

1時間であなたの頭は良くなる！

「記憶のためには、6時間以上の睡眠が必要」ということをご存じでしたか？

これは、現在、脳科学の世界では常識となっているのですが、私が学生の頃は「四当五落」と言われ、睡眠時間を削って勉強するのが当たり前とされていました。高校生の頃、睡眠6時間を切っていた私は、間違った勉強法で膨大な時間を失いました。人生の損失です。もったいないです。

しかしながら、「睡眠時間を削って勉強しろ！」という昭和時代のトンデモ勉強法を、いまだにやってる人が多いのです。特に、試験の直前、前日に睡眠時間が6時間を切ると、翌日の集中力は大幅に低下します。つまり、試験前日に睡眠不足になると、試験当日、せっかく覚えたことも思い出せない、そして、つまらないミスを連発するのです。

睡眠不足の人は、たった1時間睡眠を増やすだけで頭が良くなる。それを知らずに、「自分は生まれつき頭が悪いからしようがない」と勘違いしている人も多いのです。

ちなみに、思春期に睡眠不足が続くと、その後のメンタル疾患の発病率を高める、という報告があります。睡眠を削って頭が悪くなるだけではなく、メンタルも病むかもしれない。まさに踏んだり蹴ったりです。

「記憶のためには、6時間以上の睡眠が必要」。きちんと睡眠をとってこそ、記憶力、集中力が高まり、成績、学力がアップする——しかしながら、この知見は、8年たった今も、あまり世の中に広がってはいません。

本書『記憶脳』では、こういった記憶力を培う生活習慣についてもページを割き、より仕事や学びのパフォーマンスが上がる方法をお伝えします。それらはどれも具体的で、今日から取り組めることばかりです。是非日常に取り入れていただきたいと思います。

誰も言わない100年時代の不都合な事実

人生100年時代。医療の進歩で、平均寿命は延びていく。退職後や老後に、第2の人生を楽しむ準備をしましょう——そんな心地よいフレーズにほとんどの人はまんまと騙されていますが、そこには「不都合な事実」が存在します。健康を意識し、予防や対策をしないと、ただ長生きしても「認知症」という現実が待っていることもあります。

実際、高齢者の認知症の割合は、85〜89歳では約40%、90代では約60%、100歳を超えると60〜70%が認知症と推計されます。長生きしても、3人に2人は認知症になります。

寝たきりで、介護されて過ごす老後。それが、あなたの望む老後でしょうか？

ただ、がっかりする必要もありません。認知症の予防法は、かなり明らかになっています。「運動」「人と会う」「学び（脳トレ）」です。本書で紹介する、「インプットとアウトプットのサイクルを回す」「人と会ってアウトプットする」という習慣は、最強の脳のトレーニングであり、認知症の予防になるのです。

毎日何時間も座り続けて、人と会わずに、スマホやゲーム（インプット型娯楽）をする人は、認知症に向けて一直線に進んでいるようなもの。

本書で紹介している方法は、まさに認知症予防にもなるものです。インプットとアウトプットを繰り返しながら、記憶の「入口」「出口」をきちんと機能させる「記憶脳」を鍛えることで、認知症への不安を減らすことができます。

AI時代に脳を「最適化」せよ

スマホが1人1台の時代となり、AI技術が飛躍する時代への入口とも言える2024年の今。だからこそ、本書で脳と「記憶」の在り方について、最も効率的な「脳」の使い方を知って欲しいと思います。

働き盛りの中高年はもちろん、中学生や高校生など、若い世代の人の勉強や資格試験への対策にも非常に有効な情報ばかりです。

「インターネットで調べれば一瞬でわかる。だから、細かいことは記憶しなくていい」と言われますが、高校受験、大学受験、資格試験、語学試験など、人生を左右する試験では、スマホの持ち込みは不可となっています。つまり、今の時代においても、昔ながらの「記憶力」は絶対に必要。記憶力なしでは、試験に合格することは不可能なのです。

本書でお伝えしている記憶術は、記憶ものの多い受験勉強には特に効果的で、「脳科学的に正しい勉強法」と言えます。

勉強法を知らない中・高生が本書を読んだら、人生が変わる！　といっても過言ではないでしょう。もし、タイムマシンがあったら、本書『記憶脳』を中学生の自分（樺沢）に手渡したいくらいです。

『記憶脳』を読んでいただくことで、あなたにとっての「記憶」の概念が根底から変わることでしょう。覚えなくていいことは外部記憶に任せて、脳の空き容量を増やして、本当に必要な情報、知識、結晶化した知性、応用可能な知恵を増やすことができます。

それは、仕事や学び、そして人生の質を上げてくれるにちがいありません。

『記憶脳』は、AI時代に脳を最適化する一冊です。

アウトプットによって脳を活性化し、本質的な問題解決能力を高める「真の脳の使い方」を、この『記憶脳』で学んでください。

樺沢紫苑

2024年1月末日

はじめに

「覚えない記憶術」で楽しく記憶に残す

「本を読んでも、すぐに内容を忘れてしまう」
「映画を見ても、後からストーリーが思い出せない」
「仕事でうっかりミスが多くなってきた」
「資格試験や昇進試験の勉強をしても、全然覚えられない」
「最近物忘れが多くて、認知症が心配」

あなたも、こんなふうに思っていませんか？
この本は、そんな悩みを無理なく解決する方法を書いた本です。

私は、映画が大好きでよく見ています。たまたま同じ映画を見た友人がいるとその映画の話で盛り上がるのですが、重要なセリフ、重要な伏線、人物の心理の変化などをこと細かに語ると、「よくそんなに細かいところまで覚えていますね」と言われます。

そんなとき、私は逆にお尋ねしたい気持ちになります。なぜ、たった1ヶ月前に見たばかりの映画なのに、内容を覚えていないのですか、と……。

映画に限らず、本にしても同じです。1ヶ月前に読んだ本について語り合うとき、ほとんどの人は、感想を話すことすらおぼつかない状態です。感想も話せないのならば、それは読んでいないも同じであり、自己成長につながるはずがありません。

考えてみると、1ヶ月前に見た映画、読んだ本に限らず、1年前の本や映画、さらには10年前の本や映画についても、私は他の人と比べると、かなり細かい部分まで忘れずに記憶しています。

別に私は昔から記憶力が特別に良かったというわけではありません。むしろ記憶に関しては、学生の頃は苦労した経験ばかりでした。そんな苦労とそれを克服するための工夫や、試行錯誤の結果、しなければ、覚えなければ、とことさらに意識しなくても、本や映画の内容、自分が得た経験、あるいは印象深い仕事のエピソードなどを、ありありと思い出すことができることに気づきました。

電車内で見かける受験生のように、必死に暗記して、がむしゃらに記憶する必要など全くない。努力不要、むしろ人生が楽しくてしようがなくなる。楽しみながら、圧倒的に記憶に残る。そんな「記憶術」が存在するのです。

「暗記力」「記憶力」に頼らない

私は1浪して、札幌医科大学医学部に入学しました。大学生になったのがうれしく、最初の半年は遊びまくっていました。そして、前期試験のシーズン。過去問やノートのコピーなどをまとめた「試験対策」というものがあり、教科ごとにB5判の紙40〜50枚ほどを暗記すればいいようになっていました。

そうはいっても、かなりのボリュームなので、そう簡単に暗記できるものではありません。1週間ほどかけて必死に覚えたつもりですが、私の試験の成績は「赤点」はまぬがれたものの、惨憺《さんたん》たるものでした。

しかし、私の友人の1人は言うのです。「こんなの3日もあれば余裕で暗記できるな」。

私が必死に勉強していた傍《かたわ》らで、同級生たちは私よりはるかに楽に「試験対策」をスラスラと暗記し、私よりもはるかに高得点をたたき出していたのです。私は彼らの姿と試験の結果を見て「医学部に入る奴《やつ》は、頭のできが違う。こんな奴らと暗記力で勝負しても、絶対に勝ち目はない」と悟ったのです。

この狭い学内においても、自分より記憶力のいい人間がぞろぞろいるのです。もちろん、学外にはもっと頭の良い人が数え切れないほどいるでしょう。1学年100人の中でも勝てないのですから、社会に出てそうした人たちと「暗記力」「記憶力」で張り合っても、絶対に勝てるはずがありません。

夢と希望にあふれて入学した医学部で経験した、最初の挫折。いや、最初の「気づき」です。私は、そのとき思ったのです。

「純粋な暗記力以外の部分で、彼らに勝つ方法はないのか……」

既存のテキストを暗記するのではなく、自分のオリジナルの個性で勝負する方法。それから何年もしてから、私は「暗記力」ではない別の方法で、圧倒的に自分の能力、いや「脳力」を引き出す方法を発見します。

私の20年以上の試行錯誤によって磨かれた、「暗記力」「記憶力」が悪くても、自分の個性を発揮し、チャンスをつかみ、圧倒的に自己成長し、社会的にも評価される方法。

この私の20年超にわたる「記憶」と「学び」についての試行錯誤を、わかりやすくノウハウとしてまとめたのが、本書です。

検索全盛時代の今、従来型の「暗記力」「記憶力」は通用しない！

日本の高校、大学の受験問題というのは、「考える力」も必要ですが、とにかく暗記、記憶すれば、解ける問題がほとんどです。要するに、「記憶力」の良い人を「優秀な人」として選抜するのが、日本の受験制度といえます。

しかし、社会人になってから、「記憶力」というのは本当に重要なのでしょうか？

そもそも、「記憶力」は必要なのでしょうか？

社会人というのは、「カンニングOK」の世界です。例えば会社でプレゼンの資料を作る場合、そのプレゼンの内容に関する本や文献などをできるだけたくさん読み込んで、より内容の濃いものに仕上げていく必要があります。

何を見てもいいし、何を調べてもいい。むしろ、重要な資料に目を通していなければこっぴどく叱られることは確実です。そこに、「暗記力」というものは存在しません。必要なのは、「情報活用力」です。

そして、もう1つ重要なのは、現在はインターネットの時代であり「検索」の時代である、ということ。ちょっとした数字やデータを「ど忘れ」「物忘れ」したところで、パソコンやスマホで検索すれば、15秒か30秒もあればすぐに「答え」を引き出すことができます。

インターネットの世界は、私たちの「外付けハードディスク」になっているのです。そんな検索全盛の時代に、従来型の「暗記力」「記憶力」というものは本当に必要なのでしょうか？

結論からいいましょう。みなさんがイメージするようなこれまでの「暗記力」「記憶力」は、国家試験、資格試験、昇進試験などの試験の準備をしている人は別として、普段のビジネスパーソンの仕事において全く役には立たないのです。

検索全盛時代の今、「情報の内容そのもの」を記憶する必要は全くありません。しかし、「どこにどんな情報があるのか」を記憶しておかないと、情報を引き出すのに時間がかかってしまうがありません。

「記憶力」そのものが問われるのではなく、「記憶（過去に遭遇した情報、知識、経験）」をいかに早く引き出し、いかに上手に活用できるのか。

そんな「情報活用術」が、今の時代に必要な、全く新しい「記憶術」、正確にいえば「記憶活用術」なのではないでしょうか。

「記憶と脳」の研究から導かれた「記憶脳」

私は作家になる前に、精神科医としてアルツハイマー病の研究、すなわち「記憶と脳」の研究に10年ほど取り組んでいました。私の博士論文も、アルツハイマー病に関するものです。アルツハイマー病というのは、「記憶障害」を主な症状とする認知症の一種です。その研究の一環として、何十人ものアルツハイマー病の患者さんに「記憶力のテスト」を実施していた時期もあります。

このように、記憶はいかにして形成され、そして記憶はいかにして障害されるのかについて、かなり勉強してきました。

また、私はYouTube約50万人、X（旧Twitter）27万人、Facebook15万人フォロワー、メルマガ発行部数15万部など、累計１００万人以上の読者に向けてインターネット媒体を使って毎日情報発信を行っています。YouTube動画は10年間毎日更新中。情報発信の期間は既に26年を超えています。

本文で詳しく述べますが、覚えておきたい情報を記憶に残すために必要なのは、徹底したアウトプットです。これだけ多彩なメディアを縦横無尽に活用し、１００万人規模の媒体力で、さらに20年以上にわたり情報発信をしている日本人は、私の知る限り、私以外には存在しません。

精神科医でもあり、インターネットでのアウトプットの第一人者でもある私が、最新の脳科学研究などの裏付けをふまえて、「記憶力」を最大化し、結果としてあなたの「仕事力」を最大化する方法をお伝えするのが、本書『記憶脳』です。

それは、従来型の「暗記術」「記憶術」とは、全く異なるものです。

ＡＩ全盛期へ向かうこれからの時代に必要となる「全く新しい記憶活用術」を身につけることができれば、あなたは他の人よりも何倍も早く仕事をこなし、圧倒的なスピードで自己成長することが可能になります。

がむしゃらな暗記不要、努力も不要。記憶力が良くない人ほど効果が出る。

常識をくつがえす、本書の内容を実践し、覚えずに記憶に残る「記憶脳」を手に入れ、あなたの人生を変えていただきたいと思います。

記憶脳 **目次**

第2章

無理に詰め込まなくてもいい ～精神科医の「アウトプット記憶術」

第3章

記憶力に頼らずに成果を最大化する～精神科医の「記憶力外記憶術」

第4章

感情が動くと記憶も強化される～精神科医の「感情操作記憶術」

第5章

無限の記憶を獲得する～精神科医の「ソーシャル記憶術」

第6章 脳の作業領域を増やして仕事を効率化する

～精神科医の「脳メモリ解放仕事術」

脳メモリを最大化する7つのルール

装　　　丁／萩原弦一郎（256）
本文デザイン／米川リョク
本文DTP／髙本和希（天龍社）
編集協力／鷗来堂
編　　　集／黒川可奈子＋橋口英恵（サンマーク出版）

第1章

「記憶脳」を鍛えることで得られる3つのこと

「記憶脳」で得られる3つのメリットと基本戦略

★記憶力がアップすれば自己成長は倍速になる

「がむしゃらな努力なしで記憶する。そんなことが、本当にできるの？」

今、本書を読み始めたあなたは、きっとこう思っているはずです。

今まで暗記や記憶で苦労してきたというのに、「努力しない」で「楽しく」記憶する。

そんな都合のいいことが本当に可能なのか、と半信半疑のはずです。

結論からいいますと、楽をして記憶に残すことは可能です。

それどころか、この方法を実行すると、記憶力が良くなったり試験にも合格したりという「記憶」に関する成果だけではなく、脳そのものが活性化し、学習能力と仕事力も大幅にアップし、自己成長が飛躍的に加速するという結果も得られます。

つまり、「記憶脳」が鍛えられ、人生の質まで上げてしまう凄い方法なのです。

具体的なノウハウに入る前に、まず「記憶脳」によって得られる「3つのメリット」と、それぞれのメリットを確実に得るための「基本戦略」についてお伝えします。

【「記憶脳」で得られること①】
脳の衰えや認知症を防ぐ

★最近、物忘れがひどい……と悩んでいませんか？

「最近、物忘れがひどい」「人の名前が出てこない」「あれ、それ、あの人、といった指示代名詞が多くなった」といった症状を自覚する人はいませんか？

最近、人の名前がパッと出てこない。今、何をとりに来たのか、忘れてしまった。先日読んだ本のタイトルが、パッと思い出せない。重要な約束をうっかり忘れていた……。

こんな「物忘れ」の症状が現れると、「ひょっとして、自分は認知症になるんじゃないか」、あるいは「もう認知症が始まっているんじゃないか」と不安になる人もいるでしょう。

ほとんどの人は「記憶力の衰えを防ぎたい」と強く願っている一方、「歳をとると記憶力が衰えるのはしようがない」とあきらめているのではないでしょうか。そして、衰えていく記憶力に対して、何も対策を講じていない人がほとんどだと思います。

脳をあまり使わないでいると、働きは低下し、記憶力は衰えていきます。あるいは脳細胞もドンドン死んで、脳が小さく縮んでいきます。これを**「廃用性萎縮」**といいます。

高齢者の脳をＭＲＩという断層写真で見ると萎縮していることが多いですし、加齢とともに脳は毎年少しずつ萎縮していきます。

こう聞くと、多くの人は「やはり歳をとると記憶力は低下するんじゃないか」と感じるでしょう。しかし実は、「加齢＝記憶力の低下」とすぐに結びつけるのは、脳科学的には間違いだということがわかってきました。

★歳をとっても、脳は育つ！

「生まれてから脳細胞は減り続ける」「毎日、10万個の脳細胞が減り続けて、脳細胞が増えることはない」という話を聞いたことがある人も多いでしょう。私が医学生の頃には、「脳細胞は増殖も再生もしない」と習いました。

しかしこの話は、最近の脳科学研究では間違いだったとわかっています。

イギリスのロンドン大学のマグワイア教授が、ロンドン市内のタクシー運転手16人の脳を調べたところ、一般の人と比べて「海馬」の体積が大きく、タクシー運転手の経験が長いほどその体積は増加することが明らかにされました。運転歴30年のベテランドライバーの場合、一般の人と比べて、海馬の体積が３％も大きいという結果が出たのです。体積で３％の増加は、神経細胞の数でいうと20％も増えたということです。

ロンドンの入り組んだ複雑な道を記憶しなければいけない運転手は、日々、記憶のトレーニングをしていた。その結果として神経細胞が増殖し、海馬の体積まで増えた、ということです。

毎日、ボーッとした刺激のない生活をしていれば、脳は衰えます。脳細胞も歳とともにドンドン死んでいくでしょう。しかし、**脳を鍛えることで、記憶に関して重要な働きをする「海馬」の細胞数を増やし、さらには海馬の体積を増やすこともできるのです！**

【基本戦略1】脳を鍛えて、脳を育てる！～「40代からの脳活性化理論」

成人以降は、脳は成長しない。老化によって機能が失われていくだけだといわれていましたが、先述したように、これは間違いであることが明らかになっています。

脳の機能は、神経細胞の数と比例するわけではありません。それよりも、神経同士のシナプス結合の数と関連するのです。

神経は、神経同士でネットワークを構成していますが、その接合部をシナプスといいます。1つの神経細胞は、数千のシナプス結合によって他の神経細胞と結合しています。物凄《ものすご》く緻密なネットワークです。

このシナプス結合の数は、脳を鍛え続けることによって、40歳をすぎても、50歳をすぎても増やすことができます。

シナプス結合の数を増やすことで、あなたの「記憶力」をも高めることが可能だということです。

老化による記憶力の低下には個人差があり、高齢者の中にも記憶力が目立って低下しない人がいることも数々の研究、実験によって明らかになっています。

何もしないと歳とともに脳細胞は失われ、脳は老化し、記憶力の減退が進んでしまいます。

しかし逆にいうと、脳を上手に使うことによって、神経細胞とシナプス結合の数を増やし、その結果脳の老化を阻止し、記憶力を高め、いつまでも脳を生き生きとした状態で活動させることは全く「可能」なのです。


最新の脳科学の知識や情報を上手に活用して、脳を活性化させ、今よりも記憶力を強化する。そして脳の衰えを防ぎ、認知症を予防することが可能です。

【基本戦略2】「大人の能力」で勝負する～「大局観活用理論」

老化にともなって体力のみならず、脳のほとんどの機能が低下すると思っている人は多いと思いますが、それは完全に間違いです。

歳をとって衰える能力がある一方で、歳をとってから育つ能力があるのです。

棋士の羽生善治日本将棋連盟会長は、その著書『大局観　自分と闘って負けない心』（角川書店）の中で次のように語っています。

「体力や手を読む力は、年齢が若い棋士の方が上だが、『大局観』を使うと『いかに読まないか』の心境になる。将棋ではこの『大局観』が年齢を重ねるごとに強くなり進歩する」

大局観とは、経験値の積み重ねとして養われる、全体を見通す力です。

何もしなければ記憶力や新しいことを学習する能力、あるいは注意・集中力は、加齢とともに衰えていきます。しかし、物事の全体像を概観し、把握する力や、考えをまとめ、再構成する能力などは、歳とともに成長していくのです。

それは、歳とともに、知識のストックが増えていくからです。新しく入ってきた情報を既に保有している知識のストックを参照してそれと比較したり、知識のデータベースを活用したりしながら、より正しい判断を下すことができます。

特に、**まとめ・整理する能力、全体を俯瞰《ふかん》する能力、関連づける能力。こうした能力は、**

年齢とともに伸びていきます。

一方で、先に「記憶力は衰えない」といいましたが、特に脳を使う活動もせずに普通の生活をしていると、記憶力や学習能力はドンドン衰えて、若い人に太刀打ちできなくなるのが普通です。

あなたが若い人たちと競い合う場合、若い人たちが得意とする「記憶力」で勝負するのか、若い人が苦手とする「まとめ・整理する能力」で勝負するのか。どちらが有利でしょうか？

歳をとることで伸びていく「大人の能力」というのは、あまり知られていません。こうした「大人の能力」を活用することで、歳とともに衰えゆく能力を補完し、それどころか若者に圧勝できる仕事力を発揮することができるのです。

そうした「大人の能力」を活用した記憶術、特に「ストーリー化記憶術」については、第2章で詳しく説明します。

【「記憶脳」で得られること②】
成績が良くなり、試験に合格する

★もっと頭が良かったら……と悩んでいませんか?

「もっと頭が良ければ、自分の人生も変わっていたのに」「もっと成績が良ければ、一流大学、一流企業に入れたのに」。あるいは、自分はもう遅いけど、「うちの子供が、もっと頭が良ければ、もっと上のランクの学校に入れるのに」と思うことはありませんか?

多分、ほとんどの方は、一度は考えたことがあると思います。

日本は、試験国家です。幼稚園、小学校の「お受験」に始まり、中学受験、高校受験、大学受験。就職試験に国家試験。さらに、社会人になっても資格試験、昇進試験がつきまといます。試験に合格するかどうかが一生を左右する、といっても過言ではないでしょう。

「一流の学校を卒業して、一流の会社に就職する」のが社会的な成功であると思い込まされている日本においては、「試験」を突破していくための「記憶力」が不可欠とされます。

日本においては、「学校の成績が良い人」=「頭が良い人」という認識です。さらに「頭の良い人」=「記憶力が良い人」です。頭の良さや記憶力は生まれつきのもの。自分は「生まれつき頭が悪い」から、どうしようもない。そんな固定観念に支配されている人がほとんどだと思いますが、それは完全に間違っています。

★記憶は事前準備が9割である

「自分は記憶力が悪い」「自分は頭が悪い」と思っている人の多くは、記憶力が良い、悪いという以前に、事前の準備の仕方が間違っている可能性があります。

記憶は、4つのステップで定着していきます。

「理解」「整理」「記憶」「反復」の4ステップです。

「記憶力が悪い人」「成績が悪い人」に限って、「記憶」の前の「理解」と「整理」のプロセスを軽視します。しかし、「理解」と「整理」、この2つの事前準備が、実は「記憶」以上に重要なのです。

人間の脳というのは、「理解」することによって、物事が忘れづらくなります。他の人に説明できる程度に理解しておけば、長く記憶にとどめておくことができるでしょう。

また、「整理」され、何か他の物事に関連づけられると、記憶に残りやすくなります。似たような情報・知識を分類・整理する。記憶は「関連」を好みますので、「図」や「表」にまとめるだけでも、記憶が猛烈に促進されます。

学校の成績が良い子というのは、「記憶力」が良さそうに見えるのですが、実は記憶力以上に「理解力」や「整理・まとめ」の能力が高いのです。試験の成績は「記憶する」の前段階で、既に勝負を決しているともいえます。

ですから、仮に「記憶力」が悪くても、「理解力」や「整理・まとめ」の能力で十分に補完することができます。

「記憶」そのものに時間を使うよりも、事前準備としての「理解」と「整理」にしっかりと時間を使うことで、記憶力が悪い人でも無理なく記憶することができるのです。

【基本戦略1】記憶力に頼らない～「記憶力代償理論」

「自分は生まれつき記憶力が悪いから、成績が悪いのはしようがない」

こんなくだらない言い訳を自分にするのはもうやめましょう。この思い込みは二重に間違っています。

まず、記憶力は生まれつきのものではなく、20歳からでも、40歳からでも伸ばすことができます。

さらに、学校の成績、つまり試験に必要な能力は、「記憶力」だけではありません。「頭が良い」とされる学生を詳しく調べると、ほぼ例外なく彼らは集中力が高く、要点をまとめ整理する能力も高く、頭の回転が速いのです。これらは「記憶力」、すなわち「長期記憶」とは直接関係のない能力です。

つまり、「注意・集中力」と「まとめ・整理する能力」を高め、頭の回転を速くすることで、「記憶力」の悪さを十分にカバーすることは可能なのです。

記憶力を高めないで結果として記憶にとどめて試験やテストの成績をもアップさせる。これを本書では「記憶力外記憶術」と呼んでいます。

「記憶力外記憶術」を使えば、もともとの記憶力に頼らずに試験の成績を伸ばすという夢のようなことが可能です。というよりもむしろ、実は頭の良い学生ほど記憶力に頼らない「記憶力外記憶術」、とりわけ事前にしっかりテストに対応できるようにしておく「事前準備記憶術」を実践しているのです。「記憶力外記憶術」「事前準備記憶術」については、第3章で詳しくお伝えします。

【基本戦略2】間違った記憶術をやめる～「いきなり脳力アップ理論」

受験生も社会人も、結果を出せていない人は、間違った記憶術、勉強法を実践しています。

例えば、最も間違った勉強法は「徹夜」です。あるいは睡眠時間を削って勉強することです。記憶の定着のためには、「6時間以上の睡眠が必要」と脳科学的に明らかにされています。したがって試験前に徹夜で勉強しても、試験が終わった途端に、勉強したことは定着せずにほとんど忘れてしまいます。これだと、試験のたびに必死で勉強しても、それが自分の知識として全く積み上がらないのです。

さらに睡眠を削ると、翌日の集中力、作業効率が低下してしまうので、そんな状態で試験を受けると、何日も前から暗記していたことすら思い出せなくなります。

睡眠時間を削って4時間睡眠で勉強するよりも、十分な睡眠をとったほうがはるかに集中力が高まり、記憶力もアップすることは、多くの睡眠研究が示しています。

「徹夜で勉強する」「睡眠時間を削って勉強する」など、脳の活動性を明らかに低下させる間違った勉強法をやめるだけで、記憶効率や脳のパフォーマンス、いうなれば「脳力」を数日でアップさせることが可能です。

普段の勉強習慣や試験直前の時間の使い方を見直し、脳科学を活用した記憶術を実践するだけで、ここでも記憶力に頼らずにあなたの脳のパフォーマンスを飛躍的にアップさせることができます。

そんな「ベストパフォーマンス記憶術」については、第3章で詳しく述べます。

【「記憶脳」で得られること③】

自己成長が猛烈に加速する

★勉強しているのに、ちっとも成長していない……と悩んでいませんか？

「本を読んでもすぐに忘れて仕事に応用できない」「講演やセミナーを受講しても、実際には役立っていない」「高額の講座を受講しても何も変わらない」と悩んでいる人はいませんか？

たくさん本も読んでいるし、講演やセミナーなどに参加して人からも学んでいる。にもかかわらず、ちっとも自己成長を実感できない、という人は多いはずです。

本を読んでも、セミナーを受けても、何ヶ月かすれば内容をすっかり忘れてしまう。自分の記憶力が悪いせいでなかなか身につかず成長できないのではないか、と思っているのかもしれません。

結論からいいますと、それはあなたの記憶力のせいではありません。**人間は、入力された情報の99%を忘れるようにできているのです**。ですから、何もしないとドンドン忘れてしまいます。あなたの脳は、全く正常そのものといっていいでしょう。

★人間の脳は、入力情報の99%を忘れる

「自分は、どうしてこんなにザルで水をすくうように物事を忘れていくのか？」と悩んでいる人は多いと思いますが、それはあなただけではありません。全ての人がそうなのです。

例えば、1年前の今日、ランチに何を食べたか覚えていますか？　覚えている人は、まずいないと思います。たまたま誕生日で誰かにお祝いしてもらったなど特別なエピソードがない限りは、忘れているのが普通なのです。

ドイツの心理学者エビングハウスの実験によると、関連性の薄い事柄は、たった1ヶ月で79%も忘れられてしまうそうです。

人間の脳は「重要なこと」だけを記憶する、つまり、「重要ではないこと」は全て忘れるようにできているのです。日々私たちが接する膨大な情報の中で「重要なこと」は、1%もないでしょう。ザックリいってしまうと、脳は入力情報の99%以上を忘れるようにできているのです。そうでなくては、脳はパンクしてしまいます。

つまり逆にいうと、記憶に残すためには、ただ「入力された情報が重要である」ことを、脳に教えてあげればいいのです。

脳が「重要である」と判断する基準は、たった2つです。それは、「何度も使用される」か「感情が動いた」か。

情報は、脳の海馬と呼ばれる記憶の「仮保管所」に、2週間（最大で4週間）ほど保管されます。その間に、何度もその情報にアクセスがあると、海馬は「これは重要な情報である」「これは、忘れてはいけない」と判断し、その情報を「長期記憶」の保管庫である側頭葉へと移動させるのです。

また、喜怒哀楽という激しい情動の変化がともなった出来事は、人間は忘れにくいものです。なぜなら、感情が動いているときには、記憶力を増強する脳内物質が分泌されているからです。感情をコントロールして記憶に残すノウハウは、第4章でご紹介します。

脳にその情報が「重要である」と教えてあげる具体的な方法は、頭に鉢巻をして、必死に暗記することではないのです。もっと簡単に、楽しく、記憶に残すことが可能です。

【基本戦略1】覚えずに、ただ、アウトプットするだけ〜「アウトプット最強理論」

記憶とは、「覚える」こと。すなわち「インプットすること」という認識の人がほとんどだと思います。頭の中に、情報や知識を「詰め込む」わけです。その労力、精神的なエネルギーは大変なものです。

しかし、特に「暗記する」ことも、「覚える」こともしなくても、ただ「アウトプット」するだけで、情報は自然に「記憶に残る」のです。

「アウトプット」とは、人に話したり、文章に書いたりすることです。

「アウトプット」すると、なぜ記憶に残るのか？　「アウトプット」とは、入力された情報を「使用する」ということです。何度も使用される情報は、海馬が「重要」と判断して長期記憶に残しますから、「アウトプット」することで忘れないようになるのです。

具体的には、情報を入力してから1週間以内に、3回アウトプットすれば、圧倒的に記憶に残りやすくなります。

「インプット（覚える）」をしなくても、ただ「アウトプット」をするだけで記憶に残る。アウトプットは最強の記憶術です。

「インプット」は苦しいものですが、「アウトプット」は楽しいものです。無理に覚えずに、苦労もせず、楽しみながら記憶に残すのが、「覚えない記憶術」です。

【基本戦略2】インプットとアウトプットを繰り返す～「成長の螺旋階段理論」

私は、インターネット、ソーシャルメディアを利用して、出版やブランディングについて学ぶ勉強会「ウェブ心理塾」を主宰しています。会をスタートしてから15年がたち、今までにのべ２０００人以上が参加しています。

この２０００人の塾生と直接話し、アドバイスをする中で、「成功する人」と「なかなか成功できない人」の違いについて、膨大なデータを収集することができました。
「本をたくさん読んでいるのに、あまり身につかない」「講演やセミナーをたくさん受講しているのに、自己成長を自覚できない」という「なかなか成功できない人」は、ほとんど同じ特徴を備えていたのです。

それは、インプットとアウトプットのバランスが悪い、ということです。ズバリ結論をいいますと、インプットが多い割にアウトプットが少ないのです。

本を100冊読んでも、それだけでは全く自己成長にはつながりません。「使わない情報は、全て忘れる」のが、記憶の大原則です。本を読んでも、それについてのアウトプットをしなければ、99%は忘れてしまう。成長につながるはずがありません。

では、自己成長のためには、何をすればいいのか？　まずは、インプットをする。情報を得る。本を読む。人の話を聞く。講義、セミナーなどを受講する。これらがインプットです。

そして、インプットをしたら次に、必ずアウトプットをしないといけません。アウトプットとは、話す。書く。教える。行動する。つまり、実践することです。アウトプットをしたら、またインプットをする。インプットをしたら、またアウトプットをする……。

このようにインプットとアウトプットを繰り返していく。そうすると、螺旋《らせん》階段を上るように、自己成長の階段を上ることができるのです。

アウトプットとは、行動です。小さなアウトプットが、あなたの行動、習慣を少しずつ変えていきます。そうした少しの変化が積み上げられることで、やがて大きな変化となり、大きな成長につながるのです。

インプットとアウトプットを繰り返すと、猛烈なスピードで成長していきます。2000人を指導して導かれた究極の成功法則が、「成長の螺旋階段理論」です。

十分なアウトプットをすれば、それが記憶に残るだけではなく、自己成長も加速するのです。その方法については、第2章や第5章で詳しくお伝えします。

【基本戦略3】「記憶」するより「記録」する～「忘却100%阻止理論」

人間は、入力された情報の99%を忘れます。

アウトプットすることで長期記憶に残りやすくなりますが、それでも全てが記憶に残るわけではありません。しかし、こうした忘却を100%防ぐ方法があるのです！

記憶を題材にした映画はたくさんありますが、それらの中でも傑出していておもしろいのが、クリストファー・ノーラン監督の『メメント』です。

主人公レナードの妻が、何者かに殺害されてしまいます。レナードは、犯人のうちの1

人を撃ち殺しますが、犯人の仲間に突き飛ばされ、その外傷が原因で、およそ10分間しか記憶が保てない前向性健忘（今から先のことが覚えられない状態）になってしまいます。
レナードは、妻の復讐《ふくしゅう》のために犯人を捜し始めます。しかし、記憶はたったの10分しか保てない。そこで、記憶力を失ったに等しい主人公が行ったこととは？

それは、「記録」です。

レナードは、とにかくメモします。ポラロイドカメラで撮影し、メモを書き、さらに重要な事実については自分の体に刺青として彫り込む……。
果たして犯人は見つかるのか？
記憶力を失った主人公の最大の武器は、「メモする」ことだった。
書くこと。つまりいうなれば、「記録する」ことです。記録したものを後から見返すことで、思い出すことができます。

記録は、忘却に対する、最大の抑止力となるのです。

記録する方法としては、ノート、メモ帳、付箋、ＳＮＳなど、さまざまな方法、媒体が考えられます。私が実践しているさまざまな「記録」の効果的な活用術についてもお伝えします。

【基本戦略4】SNSを活用する～「感謝継続理論」

インプットしたら、1週間以内に3回以上のアウトプットをする。そうすれば、圧倒的に記憶に残りやすくなる。とはいっても、本や映画からの気づき、感想、日々の体験をノートにまとめるのは非常に面倒で、モチベーションが続きません。まして、それを何年も続けることは、不可能に近いでしょう。

では、どうすればいいのか？

それは、SNS（ソーシャルネットワーキングサービス）の活用です。

X（旧Twitter）やインスタグラム、ブログに、本を読んだ感想、映画を見た感想、日々の気づきを書くのです。SNSやブログに書くと、「いいね！」やコメントがつきます。そうすると、とてもうれしくなります。「いい本を紹介していただきありがとうございました」と感謝のコメントがつくと、モチベーションも大きくアップします。

1人でこっそりとアウトプットしてもモチベーションは続きません。しかし、**SNSを上手に活用すれば、楽しみながら、感謝されながらアウトプットできます。**

楽しみながら、感謝されながらアウトプットすることで、無理なく「継続」できるのです。そんな「SNS記憶術」については、第5章で詳しく説明します。

【基本戦略5】「脳の作業スペース」を解放して、仕事効率を上げる
～「脳メモリ解放理論」

脳の中には、脳の作業スペース、すなわち「作業記憶」(ワーキングメモリ、本書では「脳メモリ」とも呼びます)というものがあります。この脳メモリは物事を考えたり、判断したり、記憶・学習したりするのに非常に重要な役割を担っていますが、工夫をこらさないとすぐにオーバーフローを起こし、仕事や学習の効率を低下させてしまいます。

逆にいうと、**うまく脳メモリを働かせることで、仕事や勉強も今よりももっとうまくいくということです。**

第6章では、「脳メモリ」を解放し、仕事効率を上げ、結果としてあなたの自己成長を加速させる「脳メモリ解放仕事術」についてお伝えします。

第2章

無理に詰め込まなくてもいい
～精神科医の「アウトプット記憶術」

「アウトプット」のための「書くだけ記憶術」&「ストーリー化記憶術」

★記憶には「インプット」よりも「アウトプット」が重要

「覚える」「暗記する」「記憶する」。物事を頭の中に入力して記憶させる行為は、脳に対する「インプット」（入力）と考える人が多いでしょう。

しかし、実はインプットを一生懸命やっても、記憶の効率は上がらないのです。むしろ、記憶したければアウトプットを頑張るべきです。

アメリカのパデュー大学、カーピック博士の研究を紹介します。大学生を集めて、スワヒリ語の単語を40個暗記してもらい、暗記時間の後に確認テストを行います。「40個全てをテスト」したグループと「間違えた単語のみをテスト」したグループに分けて、確認テストで満点をとるまで暗記とテストを繰り返してもらいます。そして、1週間後の再テストで、どれだけ記憶しているかを調べました。

結果は、「間違えた単語のみをテスト」（部分的にアウトプット）したグループに比べて、「40個全てをテスト」（全てをアウトプット）したグループは、2倍以上の得点をとったのです。同研究では、学習方法の違いによる効果も調べていますが、「40個全てを学習」したグループと、「間違えた単語のみを学習」したグループとの間に、差は認められませんでした。つまり、インプット法、勉強法の違いは、結果に影響を及ぼさなかったのです。

すなわち、この研究によって、「記憶においては、インプットよりもアウトプットのほうが重要である」ということが明確に示されたのです。

脳は、何度も書くことで、あるいは実際にテストや試験などでその知識が活用されることで、「これは重要な知識である」と重みを持たせます。「重要な知識である」と認識された知識は、海馬から側頭葉に移動され「長期記憶」として定着します。一方、「重要でない」ものはドンドン忘れるようになっています。

記憶するためには、何度もアウトプットをしてその情報を使用し、「この情報は重要です！」ということを、脳に教えてあげればいいのです。結果として、アウトプットしたものは、しっかりと記憶に残る。これが、「記憶の大原則」です。

この章では、アウトプットして記憶に残すための記憶術を「書くだけ記憶術」と「ストーリー化記憶術」の2つを軸として説明していきます。

【書くだけ記憶術①】

「覚える」より「解く」ことに注力せよ！～「問題集記憶術」

★問題集を解くことは「記憶」にも結びつく

スワヒリ語暗記の実験から、暗記に注力するよりも、「問題を解く」ほうが、記憶に残りやすいということがわかりました。勉強でいえば、**教科書や参考書を何度も読むよりも、「問題集」を解いたほうがいい、ということです。**

つまり、ただ単に暗記をするのではなく、実際に知識を使う、活用するということ。言葉を繰り返し読むだけの「復唱」も、記憶には効果がありますが、それ以上に問題の中で「実践的に活用する」ほうが、脳は重要な知識だと判断します。

問題集を解くことは、「記憶しているかどうかの確認」だと思っている人が多いでしょうが、実は「暗記」（記憶の定着）そのものに寄与していたわけです。

ですから、理解と暗記を進めて、実力がついてから問題集を解こうという人もいると思いますが、そうではなく、ドンドン問題集を解きながら理解し、暗記していったほうがいいのです。

★問題集をゲームに変える方法〜「対戦成績記憶術」

私が問題集を解く場合、「×、×、○、○」というように、必ず1問ごとに「対戦成績」をつけるようにしています。これを見ると、1回目、2回目は誤答したが、3回目、4回目は正答したことがわかります。記録をつけることで、各問題に対する習熟度がわかり、ゲームをしているかのようで楽しいのです。

最後の対戦成績が4連勝になれば、ほぼ暗記したということを意味します。「今日の目標は、このページ、全て○がつくまで頑張って覚えること」といったように、目標設定をすることでモチベーションも上がります。

「楽しい」というのは、喜怒哀楽の情動刺激になります。先に少し述べたように、喜怒哀楽という心の動きで、脳内には記憶増強物質が分泌されます。つまり「楽しい」と感じることによっても、より記憶に残りやすくなるということです。

このように**「ゲーム化」することで記憶効果を高めることができます。**

【書くだけ記憶術②】

とにかく「書く」ことが基本～「書きまくり記憶術」

★書くことはつまり、記憶すること

電車に乗っていると、チェックペンで真っ赤に染まった教科書に、緑のチェックシートをのせて、必死に暗記事項のチェックをしている高校生を見かけます。赤で塗った部分にチェックシートをかぶせると見えなくなるので、教科書が即席の問題集になるのです。

電車の中で復習するときは、頭の中で答え合わせをするのもしようがないのですが、家で勉強するときは、必ず書きながら復習しないと、その効果が弱まってしまいます。

「書く」ということは、運動神経を使って、手と指の筋肉を動かすということです。**単なる脳内に存在していたデータが、「行動」に影響を及ぼしたわけです。**

脳は「行動に影響を及ぼさないデータ」と「行動に影響を及ぼすデータ」の、どちらを重要なデータだと判断するでしょう？　当然のごとく「行動に影響を及ぼす」ほうが、重要度は高いと判定します。

「アウトプットした」ということは、そのまま「行動に影響を及ぼした」ということになります。アウトプットすれば記憶に残るわけですが、「書く」という運動をともなうアウトトプットは、「頭の中での復唱」と比べて、はるかに効果が高いのです。

「何かを覚えたい」と思ったのなら、それを書いて、書いて、書きまくればいい。「書く」ことが、「記憶する」ことそのものと思ってもいいくらいです。

【書くだけ記憶術③】

忘れる前にメモしよう！〜「メモしまくり記憶術」

★メモをとるだけで忘れにくくなる3つの理由

「最近、物忘れが増えてきました。認知症じゃないでしょうか？」という相談は、精神科ではよくある相談の1つです。認知症の検査をひと通り行っても、軽度の認知症の場合は、認知症かどうか診断するのに迷う場合もあります。

そんな場合は、「忘れないように、何でもメモをするようにしてください」と指示を出します。それから、1ヶ月して様子を尋ねたとき「メモのおかげで、物忘れが減りました」という患者さんは、認知症ではない可能性が高い。

メモをすると物忘れが減る。記憶力が衰えている高齢者でも、「忘れる」のを阻止することができるわけですから、そうでない人がメモの効果を上手に活用すれば、さらに大きな記憶効果が得られるはずです。

例えば、私の前著『読書脳』（サンマーク出版）でも、本を読みながら本の余白にドンドン、メモをしていこう！　といったことを書きました。実際にやってみるとわかりますが、本の内容を忘れづらくなることを実感するはずです。

なぜメモをすると忘れづらくなるのでしょう。それには、以下の3つの理由が考えられます。

（1）メモは、復習1回分に相当する。
（2）メモもアウトプットになる。運動神経を刺激して、記憶を強化する。
（3）メモは、「記憶の索引」を作る。

どうして、メモをすると忘れづらくなるのか。

それは、「メモをする」こと自体が、アウトプットになる、つまり復習1回分に相当するからです。手帳やスケジュール帳にメモすると、後から見直すことができます。それらを開くたびに過去の書き込みもついでに見直せば、これも復習1回分に相当します。

メモすることで、ただ聞いただけでは忘れてしまうかもしれない情報に、何度もアクセスすることができるようになるのです。

「1週間に3回復習すれば忘れなくなる」という記憶の法則がありますが、メモするだけでその1回分に相当するわけです。

メモするだけで記憶に残る。忘れたら困ることは何でもメモしまくる。そんな習慣をつけたいものです。

★紙orデジタル？　メモはどこにするのが効率的か

紙とデジタル。メモはどこにするのが効率的か、という議論がよくあります。

私の考えとしては、「いつも持ち歩いているものに今すぐに書き込める」のであれば、紙でも、デジタルでもいいと思います。スマホをいつも持ち歩いているならスマホにメモするのもいいでしょう。

私は、仕事中は基本的に常にノートパソコンの前にいるので、ノートパソコンの「付箋」アプリを使っています。「付箋」アプリを使うと、パソコンのデスクトップ上に、「付箋」のようなメモスペースが常にある状態になり、書いたり、消したり、はがしたりが自由にできます。

何かメモをしたいときは、デスクトップを表示するだけ。「付箋」アプリに1秒でアクセスできるのでとても便利です。

デスクトップ上に何枚も付箋が貼られていると、それによって注意が分散してしまうので、付箋はデスクトップの右上に1枚だけ貼り付けて、全てのメモを1枚の付箋に書いていきます。

デスクトップを開くたびに、「付箋」に書いたメモが自然に目に入ってきますから、「復習」の効果も得られ、自然に記憶に刻み込まれていきます。

時間のあるときに「付箋」を整理して、終了した案件は消去。長期に保存したいアイデアは内容を分類しつつ、別のファイルにコピペするか、ノートに書き写します。

このメモの「見直し」と「整理」のプロセスがとても重要です。**時間を置くことで「一瞬のたわいのないひらめき」が「熟成されたかけがえのないアイデア」に変化している場合もあります。**

紙の付箋に書く場合もありますが、紙に書く場合は「今日中に処理すべき案件」に限定されます。机の前に貼って、何とか当日中に処理して、破ってゴミ箱に捨てます。

紙の付箋がたまってきて、何枚も貼られていると注意が散漫になり、仕事効率も下がる可能性がありますので、「日をまたぐ案件」「数日後に確認を要するアイデア」などは、デジタル付箋に書くようにしています。

【書くだけ記憶術④】

「記憶の本体」は失われない〜「索引作り記憶術」

★「記憶の索引」と「記憶の本体」

ここではメモをすると忘れにくくなる理由、3つ目の「記憶の索引」効果について考えていきます。

正直にいうと、私は患者さんの名前をよく忘れます。しかし、患者さんが診察室に入ってくると、カルテを開かずとも、患者さんの病名、最近の病状、さらには今どんな薬が何グラム処方されているかまで思い出すことができます。

名前も覚えていないのに、薬が何グラム処方されているかまで思い出せるというのは不思議に思うかもしれませんが、これこそが「記憶の法則」なのです。

記憶には、「記憶の索引」と「記憶の本体」があります。患者さんの例でいえば、「患者さんの名前」が「記憶の索引」で「記憶の本体」は「患者さんの病歴や処方歴」ということになります。

「記憶の本体」は、そう簡単に失われるものではありませんが、「記憶の索引」は歳をとるとともに、簡単に失われやすくなっていきます。

例えば、人の名前が出てこない、というのがそうです。先週会ったAさんの名前が思い出せない。顔は覚えているし、職業も、どんな話をしたかも覚えている。でも、名前は出てこない。

記憶の分類にはいくつかありますが、「意味記憶」と「エピソード記憶」という分類があります。「意味記憶」は情報、知識に関する記憶。「エピソード記憶」は、出来事、経験、体験、思い出に関する記憶です。**「意味記憶」は覚えづらく忘れやすい、「エピソード記憶」は覚えやすく忘れづらいという特徴があります。**

患者さんの名前は忘れやすい「意味記憶」で、患者さんがどんなことを話したのかは忘れにくい「エピソード記憶」です。患者さんの名前は忘れやすいのに、どんな症状でどんな薬を飲んでいるのかは覚えている理由が、これでわかったと思います。

★索引がしっかりしていると、思い出すのは簡単

「記憶の索引」は「意味記憶」で、「記憶の本体」は「エピソード記憶」となります。「意味記憶」は忘れやすく、「エピソード記憶」は忘れづらい。では、物忘れしないようにするためにはどうすればいいのでしょうか？

「記憶の本体」については無理して覚えなくても記憶に残っているわけですから、「記憶

の索引」のほうを強化すべきなのです。**すぐに思い出せるように「記憶の索引」作りをしておけば、「記憶の索引」に紐《ひも》づけられた「記憶の本体」を簡単に思い出すことができます。**

「記憶の索引」作りをする方法は、本章で繰り返し述べているように「書く」ことであり、アウトプットすることなのです。

例えば、「5月9日、19時からAさんと食事」と1行、メモしておくことで、Aさんの名前はより強く記憶に残ります。あるいは、Aさんと会ったときの2ショット写真をXやインスタグラムに投稿しておく。そうすると、Aさんの顔と名前が強烈に記憶されますから、忘れにくくなります。

「メモをする」ということには、実は「記憶の索引」の印象を強める、「記憶の索引」を記憶する、という意味があるのです。「記憶の本体」につながるヒント、キーワードが数語でも書かれていれば、そのメモから「記憶の本体」の詳細を思い出せるはずです。

例えば、「5月18日、15時からBさんと打ち合わせ」とだけ書いてあれば、Bさんとどんな内容の打ち合わせをするのか、すぐに思い出せるはずです。

このように、記憶の索引になりそうなキーワードを、メモ帳、手帳、ノート、付箋、本の余白など、いろいろなところにメモとして残すことで、「記憶の索引」の印象が強まり、

「記憶の本体」を引き出しやすい、つまり記憶を想起しやすい状態ができあがるのです。

「索引作り記憶術」は、「メモしまくり記憶術」とほぼ同じですが、「『記憶の索引』になるようにメモしておこう」「これは忘れては困るので『記憶の索引』として残しておこう」と、意識的に「記憶の索引作りをしよう」と思うだけで、より強く記憶に残すことができます。

「索引作り記憶術」は、積極的な「物忘れ」「うっかりミス」予防法として活用できるはずです。

★「認知症」と「正常な老化」の簡単な見分け方

記憶には、「記憶の索引」と「記憶の本体」があると話しました。これを知っていると、精神科医でなくとも、「認知症」と「年齢相応の物忘れ」を区別できるようになります。

例えば、「昨日の昼ごはん、何食べた?」と急に聞かれると、「えーと」と思い出せないことがあるかもしれません。そこで、「近くの定食屋さんで食べたんじゃないの?」とヒントをもらえば、「そうだ、生姜《しょうが》焼き定食を食べた」と思い出すはずです。万が一そこで思い出せなかったとしても、「生姜焼き定食を食べたでしょう」と言われると、「そうそう、生姜焼き定食を食べた、食べた」と思い出せるはずです。

ここで、生姜焼き定食を食べているのに、「いやあ、食べた覚えはない」と言うのなら、認知症が強く疑われます。それは、「記憶の本体」が失われているからです。「昨日の昼食」＝「生姜焼き定食」という記憶の組み合わせ。「記憶の索引」と「記憶の本体」です。**正常な老化、年齢相応の老化の場合、「記憶の索引」と「記憶の本体」の連動が障害されますが、「記憶の本体」自体は障害されません。**ですから、指摘されると、「ああ、そうだった」と思い出せます。

しかし、**認知症の場合は、「記憶の本体」、つまりエピソードが丸ごと失われてしまう、**ということが起きてきます。

私たちは、「記憶を引き出せない」ことを「忘れる」といいますが、それは「記憶の索引」から「記憶の本体」を引き出すことが障害されているだけ。「記憶の本体」そのものが失われているわけではありません。

「記憶の本体」が次々と失われていく状態が、認知症（病的な記憶障害）ですから、そうした症状がご家族に認められた場合は、すぐに精神科に相談したほうがいいでしょう。

【書くだけ記憶術⑤】

ノートの活用で内容も感動も忘れない〜「殴り書き記憶術」

★何年も前に見た映画を覚えていられる理由

私は、何年も前に見た映画の内容を、かなり詳しく記憶しています。なぜ、映画の内容やセリフを、何年も覚えていられるのか？　それは、映画を見たら、感想や映画批評を書いて、Facebook、Xやメルマガに投稿しているからです。

でも、実はその前に、もっと重要なアウトプットをしています。それは、ノートへの殴り書きです。

映画を見終わった直後に、その映画から得られたインプレッション、気づき、感動、心にとまったセリフ、共感したテーマなど、頭に浮かぶほとんど全てを、ノートに殴り書きします。これを私は、「殴り書き記憶術」と呼んでいます。

ここで重要なのは、忘れないうちに思いつくことの全てを文字として書き出すことです。字のキレイさよりも、スピードが優先されます。

全ての映画について殴り書きをするわけではありませんが、「この映画は凄《すご》い！」「感動した！」「後から映画批評を書いて、この映画の素晴らしさを多くの人に伝えたい！」と思った場合は、すかさず殴り書きします。映画館から出てすぐ、ロビーのイスに腰掛けて、殴り書きを始める場合もあります。あるいは、帰りの電車の中で殴り書きをするときもあります。

興味深いことに、2時間の映画について殴り書きする場合は、ほとんどの場合、頑張ってもA4用紙で2枚に収まります。私はA4ノートを使っていますので、見開きの範囲に、ピタッと入るのです。それが、2時間の映画から脳が受け止められる情報量の限界なのかもしれません。

★アウトプットするなら「直後」がいい〜「体験丸ごと記憶術」

ドイツの心理学者、エビングハウスが行った記憶実験によると、記憶した20分後には42%を忘れ、1時間後には56%を忘れ、1日後には74%を忘れることが明らかにされました。

記憶というのは、時間とともに忘却されていきます。

これを防ぐ方法が「復習」です。

映画を見た直後が、その映画について記憶している情報量は最も多いでしょう。ですから、映画を見終わってから、可及的速やかにメモやノートをとる（復習する）ことが重要です。

映画を見終わった直後に記録することで、その体験を「忘却」によるロスなしで、丸ごと記憶することができるのです。

ときどき、映画を見た後に予定が入っている場合など、映画を見た直後に殴り書きができず、一晩たってから殴り書きをすることがあります。その場合、吐き出される情報は半分以下になり、「セリフ」については、よっぽどの「決めゼリフ」や「短いセリフ」でもない限り、正確に思い出すことは困難になります。

殴り書きで、そのときの心にしかない、生々しい感動を文字に置き換える。その作業をきちんと行えば、半年たっても、1年たっても、その殴り書きを見返すだけで、30秒もあればその映画の感動とともに、ストーリーなどのディテールも瞬時に「想起」することができるのです。

「文字」以外から受ける「感動」とその内容、そして気づきについては、書き留めない限りその大部分を忘れてしまいます。

「殴り書き」は、ドンドン、蓄積していきます。後から急な仕事の依頼が来ても、映画を見直さなくても、映画批評や解説文の一本くらいは、「殴り書き」を見返すだけでサラッと書けます。

つまり、**「殴り書き」というアウトプットは、そのまま自身の知的「財産」になるとい**

うこと。「殴り書き」は自分の記憶の一部であり、かけがえのない知的財産の蓄積なのです。

こうした体験直後のアウトプットを、10本、50本、100本と行うことで、映画の観察眼、映画のディテールを読み解く力が飛躍的に向上していきます。また、映画を見た直後に「思い出す」作業を必死にこなしますから、記憶力の訓練にもなっています。

記憶力の訓練をしながら、自分の知的財産をふくらませながら、猛烈に自己成長する方法、それが「殴り書き記憶術」です。

もちろんこれは映画だけに限りません。ネットで視聴した動画、アニメ、ドラマ、演劇、コンサート、オペラ、講演、イベント、旅行など、「感動した！」と思ったら、すぐに「殴り書き」で、あなたの心象風景を写真のように文字情報に写しとるべきです。

【書くだけ記憶術⑥】

刺激を増やすと記憶に残る〜「書く＋α記憶術」

★「書く」ことに加えて「声に出して読む」でさらに記憶に残す

暗記するときは、「五感を活用したほうがいい」とよくいわれます。

五感という分類をはじめて使ったのは、古代ギリシャの哲学者、アリストテレスです。アリストテレスは、紀元前4世紀に、五感が記憶と深く結びついていることを既に指摘していました。

参考書を黙読するだけで記憶するのは困難です。それを声に出して読み、手を動かして何度も書いたほうが、記憶に残りやすい。

「書く」だけではなくさらにそこに、声に出して「読む」という+α（プラスアルファ）で、より記憶が強化されるのです。

なぜ「読んで覚える」のがいいのでしょうか？　それは、読んだ音、つまり自分の声が耳から入ってくるから。視覚に加えて聴覚からの記憶も促すからです。

脳トレで有名な東北大学の川島隆太教授は、「音読」の脳トレ効果を強調しています。文章を声に出して読むだけで、左右の大脳半球の前頭前野を含めた多くの場所が活性化されることが明らかになっています。

声に出すということは、顎、舌、唇などの筋肉を動かすということです。そのために運動神経からの刺激が筋肉に伝達されます。「書く」場合は、指や手の筋肉に運動神経からの刺激が行くわけです。脳の複数の部位を活用したほうが、脳はより活性化して、結果として記憶に残りやすくなります。

頭の中で物事を思い浮かべるだけでは、脳の「運動野」は活性化しません。「書く」「話す」といった筋肉を動かす行為が、脳をより広汎に刺激することにつながります。

【書くだけ記憶術⑦】

満員電車でも簡単にできる〜「シャドー記憶術」

★いつでもどこでも効率的に覚えることができる

「書く」だけではなく、声に出して読むことで、より記憶に残りやすくなる。

「そんなの当たり前じゃないの」「そんなの誰でもやっているでしょう」といった声も聞こえてきそうです。

声を出して読むのが当たり前。では、あなたは満員電車の中でも、声を出していますか？

おそらくやっていないと思います。でも私は、やっています。

もちろん、満員電車の中で、大きな声を出して参考書を読み始めたのでは、周りの人の迷惑になります。そこで私がやるのは、「シャドー読み」です。

シャドーボクシングというものがあります。実際に相手がいることをイメージして、相手にパンチを繰り出したり、相手のパンチをよけたりする練習法です。

「シャドー読み」とは、実際に声は出さないけれども、声を出しているかのように、口を動かしながら暗記する方法です。あるいは、他の人にほとんど聞こえないくらいの、超微音で読みながら暗記していきます。

実際に声は出ていないものの、実際に発声するのと同じ筋肉が活動していますから、脳の運動を司る部分「運動野」が刺激されます。「聴覚野」は刺激されませんが、音読に近い効果を生み出すことができるでしょう。

私は、月に数回の講演、セミナーをこなしますが、会場に向かう電車の中で、必ずすることがあります。それは、その日使う全てのスライドのチェックです。そのとき、スライドをチェックしながら、講演で話す内容を「シャドー読み」で言葉に出して、1人シャドー・リハーサルをするのです。

たいてい30分以上は電車に乗りますから、その日の講演の内容をひと通り復習することができます。「シャドー読み」によって、2時間、3時間の講演でも、最初から最後まで、何を話すかその内容が全て頭の中にインプットされるので、講演本番では流れるように言葉が口からあふれ出すのです。

先ほども例に出しましたが、電車の中で、チェックペンで真っ赤になった教科書をチェックシートで隠しながら勉強している学生をよく見かけます。頭の中で見えない部分を思い出し、復習しているのでしょう。本来だと、「頭の中で思い出す」だけではなく、ペンで書きながら復習したほうがいいのですが、電車の中ではそれは難しいでしょう。そんなときは、「シャドー書き」です。

実際にペンを持って書くのではなく、指をペンがわりにして答えを書けばいいのです。実際に字を書くときと同様に、「運動野」が刺激されますから、書くのに近い効果が得られます。

「頭の中で思い出す」だけでは、復習の効果が弱いのです。できるだけ音読、できなければ「シャドー読み」「シャドー書き」などを併用して、体を動かすアウトプットを心がけることで、復習効率や記憶効率が高まります。

大人が得意な「ストーリー化」で暗記しないで記憶する

★『孫子』に学ぶ記憶術

中国の兵法書『孫子』の中に次のような言葉があります。

「彼を知り、己を知れば、百戦殆《あや》うからず」

敵を知り、自分を知れば、100回戦っても負けることはない、という意味です。もう少し詳しく説明しますと、「敵の軍勢や兵力を知り、人数と兵力で敵を凌駕《りょうが》し、敵よりも有利な場所で戦えば、百戦百勝できる」ということです。戦う前に相手のことを徹底的に調べて、圧倒的に有利な状況を作り上げることができれば、戦う前に勝利は決まります。逆に、相手よりも不利な状況なら戦うなとも書いてあります。

さて、この「孫子の兵法」を「記憶術」に応用するとどうなるでしょうか。

「記憶力」、特に丸暗記する「暗記力」というのは、年齢とともに衰えていきます。ですから、「暗記力」で若い人と勝負しようとするのは、相手よりも少ない軍勢と脆弱《ぜいじゃく》な軍備で敵陣に突っ込んでいくようなものです。つまり、「孫子の兵法」の教えとは全く反対の負ける戦い方です。

「暗記力」「記憶力」が冴《さ》えわたる若者と、40代、50代の中高年が単純な暗記で競い合っても、どちらが勝つかは目に見えているのです。

中高年が、若者よりも「有利」な能力は何か？　それは、「ストーリー化」する力です。長年生きてきた分の圧倒的に豊富な知識と経験を活《い》かし、関連づけて記憶していく。

「エピソード記憶」を活用した、「ストーリー化記憶術」を使えば、暗記が得意な記憶力の生き生きとした若者と100回戦っても、負けることはありません。

★「意味記憶」は忘れやすく、「エピソード記憶」は忘れにくい

「記憶」には2つの種類があると述べました。「意味記憶」と「エピソード記憶」です。

「意味記憶」とは、情報や知識。つまり英単語の暗記や九九の暗記のような、「丸暗記」が必要な記憶です。子供は「意味記憶」が得意です。

子供の頃は、関連性のない事象でも、スポンジが水を吸収するかのように、猛烈なスピードで記憶していきます。例えば、九九の暗記がいい例です。幼少期の言語の習得能力が並外れているのも同じ理由です。

子供の脳は「意味記憶」に圧倒的に秀でています。「意味記憶」は、小学生くらいがピークで、脳がシステム的に完成される成人以降、丸暗記能力は減退していきます。

一方で、歳をとっても衰えにくい、むしろ使い方によっては伸ばしていくことができる記憶があります。それが、「エピソード記憶」です。「エピソード記憶」というのは、出来事、経験、体験、思い出に関する記憶です。自分が経験、体験した出来事の記憶が「エピソード記憶」です。

歳をとると丸暗記する能力、あるいは長時間にわたる集中力など、衰えていく部分は確かにあります。しかしその反面、**物事を総合的に見る力、俯瞰《ふかん》する力、要約する力、関連づけ、比較し、違いと共通性を見抜く総合力はアップしていく**のです。

記憶力でいうと、関連づけの中で記憶していく「エピソード記憶」の能力は進化していきます。

本来であれば「丸暗記」が必要な無関係な事象も、自分の知識、体験、経験と関連づけることによってストーリー化できます。それによって、圧倒的に記憶に残りやすくなるわけです。

「意味記憶」は覚えにくく、忘れやすい。「エピソード記憶」は覚えやすく、忘れにくい。子供は、「意味記憶」が得意で、大人は「エピソード記憶」が得意。

これが記憶の原則です。

さてあなたは、「意味記憶」と「エピソード記憶」、どちらの武器で戦いますか？

もはや、答えは出ているはずです。

では、具体的にどうすれば、「エピソード記憶」を活用できるのか？

以下、ストーリー化と関連づけで記憶力をアップさせる、「ストーリー化記憶術」についてお伝えします。

【ストーリー化記憶術①】

理由が説明できると記憶に残る〜「理由説明記憶術」

★「意味記憶」を「エピソード記憶」に転換する

「意味記憶」と「エピソード記憶」の最大の違いは何でしょう？

「意味記憶」とは、無関係な事柄、事象の記憶。「エピソード記憶」とは、出来事や事象が人や場所、時間と関連した物事の記憶ということです。つまり、関連づける、「関連性」を高めることができれば、「意味記憶」を「エピソード記憶」にすることができるのです。

これを本書では、「ストーリー化」と呼びます。

では、断片化された知識や文字列を、どのようにストーリー化していけばいいのでしょう？

最も簡単なストーリー化は、「理由」を説明することです。「理由がある」ということは、「因果関係がある」ということ。つまりそこには、深い関連性が生まれます。

さて、話は変わりますが、三角形の面積を求める公式を言ってください。

「（底辺）×（高さ）÷２」ですね。

小学校の算数で習いますから、誰でも知っていると思います。「(底辺)×(高さ)÷2」というのは、ただの言葉の羅列です。それを暗記しようとするならば、頭に焼きつくまで、呪文のように何度も繰り返すしかありません。意味のない文字列、事象の断片の記憶ですから、それは「意味記憶」として処理されます。「覚えにくく、忘れやすい」ということです。

さてあなたは、三角形の面積は、なぜ「(底辺)×(高さ)÷2」という公式で求められるのか、説明できますか?

まず、紙に三角形を描いてみましょう。そして、その三角形の一辺を底辺とし、頂点を高さとする長方形を書き込みます。さらに、三角形の頂点から、底辺に向かって垂直に線をおろします。そうすると、三角形が2つに分断されますが、分断された三角形と対称の図形が、長方形の中にそれぞれ出現していることがわかります。つまり、長方形の中に、最初の三角形、2つがすっぽりと収まりました。つまり、三角形は長方形の半分の面積、「(底辺)×(高さ)÷2」として求められるのです。

もしあなたが、三角形の面積を求める公式について、このようにしっかりとした理由を説明できたとするならば、それは公式の意味をきちんと理解できていた、ということを意味します。「(底辺)×(高さ)÷2」の裏側に隠されていたストーリーを理解していたわけです。

このように、他の人に「理由」や「なぜ」を説明できる状態になっている場合、記憶は単なる無関係な言葉の羅列、事象の断片ではなく、「エピソード」としてまとめられて脳に保存されているのです。

記憶するためには、「理解」が必要です。「理解」があって「説明」ができる。つまり、例えば公式を暗記する場合、単なる丸暗記をするのではなく、きちんと「理解」「説明」できるようにすればいいのです。

公式に限らず、法規でもマニュアルでも、記憶にとどめたいものがあれば、自分に「なぜ、そうなるの?」と問いかけて、自分で「なぜ」に答えてみましょう。

理由がないものを強引に記憶することに対しては、脳は反抗し、なかなか覚えられません。

理由を理解し説明するだけで、ストーリー化できる。覚えようとしなくても、自然と記憶に残るようになるのです。

【ストーリー化記憶術②】

記憶のための強力な武器～「語呂合わせ記憶術」

★脳科学的にも「語呂合わせ」は正しかった！

歴史の年号「１５４３年、鉄砲伝来」を暗記したとき、どのように覚えましたか？

私は、「鉄砲伝来、以後予算（１５４３）増える」と覚えました。「１５４３年、鉄砲伝来」を10回繰り返し唱えても、それを暗記するのは難しいし、一度覚えても、すぐに忘れてしまうでしょう。

「１５４３」という数字と「鉄砲伝来」は、本来は全く無関係なものの組み合わせです。たまたま「１５４３年」に鉄砲が伝来したというだけで、１年早ければ１５４２年になっていたでしょう。「１５４３年、鉄砲伝来」を呪文のように何度も繰り返して暗記しようとしても、無関係な語の組み合わせ、つまり「意味記憶」ですから、非常に記憶しづらいのです。

歴史の年号を暗記する場合、多くの人は語呂合わせを使います。「鉄砲伝来、以後予算（１５４３）増える」と語呂合わせをすれば、「１５４３年、鉄砲伝来」という組み合わせを、簡単に覚えることができます。「鉄砲が伝来して、以後、鉄砲の予算が増えた！」というストーリーが頭の中にできあがるからです。

「2.2360679」は、「ルート5」ですが、この文字列をそのまま丸暗記することは困難です。しかし、「富士山麓オウム鳴く」と語呂合わせをすれば、誰でも簡単に、一発で記憶することができます。「富士山麓でオウムが鳴いている」という短いストーリーを作り上げたということです。

「語呂合わせ」は誰もが活用していたでしょうが、その仕組みを脳科学的にいえば、ストーリー化、つまり「意味記憶」の「エピソード記憶」への置き換えだったのです。

このように、「語呂合わせ」は記憶のための強力な武器となりますので、積極的に活用すべきです。

【ストーリー化記憶術③】

短文を書くだけでストーリー化する〜「5W1H記憶術」

★「5W1H」を使ってSNSにアウトプットしてみる

ストーリー化、つまり物語を作りましょうと言われても、小説家でもないし自分には難しいと思う人も多いでしょう。

でも実は、そんなに難しいことではありません。**ストーリーに必要な要素は「5W1H」。いつ（When）、どこで（Where）、誰が（Who）、何を（What）、なぜ（Why）、どうやって（How）したのか。**このうちの全部ではなくても、いくつかが盛り込まれていれば、立派なストーリーといえます。

例えば先ほどの、「富士山麓オウム鳴く」。これは、「富士山麓で（Where）、オウムが（Who）、鳴いた（What）」ということで、こんなに短い文章でも、5W1Hの3つの要素が含まれており、簡単なストーリーとして成立しているのです。

例えば今日あったこと、学んだことなどを、短くてもいいので記事にまとめてSNSに投稿してみる。記事にするということは、おそらくは、5W1Hの6つの要素のうちのかなりの要素が含まれていて、十分にストーリーの骨格を備えたものになっているはずです。

SNSに投稿した記事というのは、圧倒的に忘れづらいと思います。その理由はいくつかあるのですが、記憶に残る最も重要な理由は、記事にまとめるだけでストーリー化されるからなのです。

「昨日、東陽町で開催されたウイスキーのイベントに参加しました。入場料5000円で、200種類以上のウイスキーが無料試飲できるわけですから参加しないのは損です。ちなみに、私は80種類試飲しました（笑）。でも、ご心配なく。7時間かけてゆっくり飲んでいますから。やっぱり、ウイスキーって奥が深いなあ、と改めて思いました」

例えば、たったこれだけの短文ですが、いつ、どこで、誰が、何を、なぜ、どうやってしたのか、という5W1Hの6つの要素が全て含まれている。

ちょっとしたストーリーになっているわけで、こんな文章を書いて写真と一緒に投稿すれば、強烈に記憶に残ります。

また、SNSに投稿するというのは「アウトプット」することに他なりません。アウトプットが記憶を補強するというのは繰り返し述べてきた通りです。

どんな情報や知識、体験、経験も、5W1Hを含む短文にまとめてアウトプットするだけで、ストーリー化して、記憶にとどめられる。これが、「5W1H記憶術」です。

今日からできて、汎用性のある凄い記憶術です。

【ストーリー化記憶術④】
何かを体験したら、とりあえず人に感想を話す
～「とりあえず記憶術」

★人に感想を伝えるだけで「ストーリー化」される

本を読んでもすぐに内容を忘れてしまう。そんな人に向けて書いたのが前著『読書脳』です。この本では、たくさんの「忘れないノウハウ」を紹介していますが、その中でも最も簡単で、誰にでも、そして今日から実行可能な「忘れないノウハウ」が、本を読んだら、とりあえず誰かにその感想を話そう、というものです。友人でもいいし、家族でもいいし、同僚や部下でも誰でもOKです。

「昨日、○○という本を読んだけど、そこに書かれていたことがとても参考になったんだよ。それは……」。感想やその本に書かれている内容、自分の気づき、心に残った一節など、何でもいいのでとりあえず人に話します。

「そんな簡単なことで忘れないようになるのか？」と思うかもしれませんが、この効果は絶大です。なぜ、とりあえず内容を話すだけで、記憶に残るのか？『読書脳』では、**本を読んだら1週間以内に3度アウトプットしよう。そのアウトプットの1回分が「とりあえ**

ず話す」ことですと説明しましたが、それに加えて、実はもう1つ重要な理由が隠されています。

それが、ストーリー化です。人と話をする。これは、あなたの体験です。現実です。「10月3日、同僚のAさんに、『記憶脳』の感想を話した」という現実、これがエピソード記憶として脳に記憶されます。

人に話す。それは単なる頭の中だけでの反復とは異なり、「体験」となります。たったそれだけのことでもストーリー化され、より印象深く、より長期的に記憶に残すことが可能なのです。

本を読んだら、とりあえず人に感想を話す。そうしたら、本の内容が圧倒的に忘れづらくなります。テレビや新聞で興味深いニュースを見たら、とりあえず人に話す。それで、そのニュースがより忘れづらくなります。おいしいものを食べたら、とりあえず人に話す。それによって、「おいしい」記憶が強化され、その店についても忘れづらくなります。

何かを体験したら、とりあえず人に感想を話す。とても簡単なアウトプットです。

とても簡単なことですが、人に話した瞬間に、断片的な情報、すなわち「意味記憶」の水準だったものが、言葉として語ることでストーリー化されて「エピソード記憶」に進化するのです。記憶に残す効果は絶大です。

【ストーリー化記憶術⑤】
人に教えると物凄く記憶に残る～「家庭教師記憶術」

★一石四鳥のスーパー記憶術とは？

私はよくカフェで仕事をしています。最近のカフェは、場所によっては学生の自習室のような雰囲気になっています。1人で黙々と勉強している学生もたくさんいますが、中には友達同士で勉強を教え合っている人たちもいます。お互いに勉強を教え合うというのは、勉強法、そして記憶術としても、最高、最強といっていいほど絶大な効果があります。

教科書を読み、問題集を解いて正答する。「これで、記憶できた！」と思うでしょうが、友達から「どうして、そうなるの？」と質問されたときに、うまく説明できないということがあると思います。

理由を説明できないのは、単なる丸暗記（「意味記憶」の水準）にすぎなかったということです。その記憶は忘れやすく、ドンドン忘れていくのです。

他の人に「言葉でわかりやすく説明できる」ということは、頭の中で十分にストーリー化されていることを意味します。つまり、「意味記憶」が「エピソード記憶」化されて、しっかりと定着している証拠です。

人に説明して、相手に理解させることができれば、それは100%自分で理解しているということを示します。つまり、「人に教える」ことで、自分が理解できているのか、いないのかを判定する試金石にもなります。人に説明できなかった場合は、理解が不十分ということで、もう一度基本に立ち返る必要があります。

さらに、人に説明していると、自分の頭の中が「整理」されていくのがわかります。心理カウンセリングでもそうですが、自分の言葉で話すことによって、混乱していた頭の中が整理され、自分で問題解決の方法を見つけ出すことができるのです。

「話す」というアウトプットには、頭の中を整理する絶大な効果があるのです。

記憶には、4つのステップがあります。「理解」「整理」「記憶」「反復」の4つでしたね。暗記の前にすべきことは、「理解」と「整理」です。「人に教える」ことをするだけで、「理解」「整理」が同時に終了します。また、人に説明することは、自分の知識の「復習」と「反復」にもなります。つまり、「人に教える」ことは、記憶のステップの全てを含んでいるのです。

「家庭教師記憶術」は、「ストーリー化」「理解度のチェック」「知識の整理」「復習と反復」ができるという、一石四鳥のスーパー記憶術なのです。

【ストーリー化記憶術⑥】
グループを作って教え合いながら覚える～「勉強会記憶術」

★「医師国家試験」合格率全国第4位の凄い記憶術

いうまでもありませんが、試験では「記憶力」が問われます。司法試験と並び、国家試験最難関といわれるのが「医師国家試験」です。この医師国家試験を極めて高率に突破する、普遍的な記憶ノウハウがあるとすれば、知りたくありませんか？

私が卒業した札幌医科大学は、私が在籍していた当時、大学別医師国家試験の合格率ランキングでベスト3に入るような優良校でした。最近では少しランキングを落としているようですが、それでも1996～2013年の18年間の通算合格率にもとづくランキングで、全国第4位となっています。

全国の医学部が80校ある中での第4位ですから、凄い合格率です。大学入学時の偏差値ではもっと高い学校がたくさんあるにもかかわらず、札幌医大が、全国でトップクラスの国家試験合格率であり続けている理由は何なのでしょう。

それは、「国試勉強会」にあります。5年生の後半になると、4～6人くらいの親しい友人、仲間が集まり、国試勉強会グループを作ります。そして、そのグループで週2～3

回、1回2〜3時間の勉強会を開催するのです。

その勉強会では、国家試験の過去問を解きます。私のグループは5人でしたが、あらかじめ5問ごとに自分が解説する問題が割り振られ、他のメンバーの前で、その問題の解き方、考え方を解説するのです。

医師国家試験には「症例問題」というのがあって、検査データの読み方や臨床所見を総合的にとらえる力が必要になります。つまり、教科書の丸暗記だけでは、絶対に合格できません。「記憶力」だけではなく、医学的知識にもとづいて「考える力」が必要とされるのです。

自分に割り振られた問題に関して、予習し、他人に理解できるようにわかりやすく解説する。つまり、互いが家庭教師となって教え合うのが、「国試勉強会」です。

この非常に合理的な仕組みは、私が在校していた33年前のさらに前から存在し、現在も続いているといいますから、札幌医大の隠れた伝統といえるでしょう。

「人に教える」ということが記憶を強固にすることは、実験でも証明されています。

ワシントン大学で行われた、興味深い研究があります。被験者を2つのグループに分け、片方のグループには覚えた情報をテストすると告げ、もう片方には覚えた情報を別の人に教えなければならないと伝えました。実際には、どちらのグループも、覚えた情報のテストだけをして、別の人に教えることはしませんでした。それでも、「別の人に教える」と思っていた被験者のほうが、テストで良い結果を出したのです。

「人に教える」というアウトプットを前提に勉強するだけで、学習効率は大きくアップするのです。

国家試験や資格試験、あるいは検定など、各種試験を受ける場合は、このように数名で「勉強会」のグループを作り、教え合いながら一緒に勉強すると、圧倒的に記憶に残ります。

【ストーリー化記憶術⑦】味や感情も言葉にすることで記憶に残す〜「言語化記憶術」

★10年以上前のカレーの味、200軒分以上を記憶した方法

信じられないかもしれませんが、私は、10年以上前に食べたスープカレーの味を、それも200軒分以上の味を、ありありと記憶しています。当時から今までずっと営業している店もありますが、その味が当時と変わっているのか、変わっていないのか、変わっているとしたら、どのように変わっているのかもわかります。

10年以上前の味を、それも200軒分以上も記憶することは不可能だ、とほとんどの人は思うでしょうが、「アウトプット記憶術」は、そんな不可能を可能にするスーパー記憶術なのです。

なぜ私は、10年以上前の味を、200軒分以上も詳細に記憶していられるのか？　それは、スープカレーの食べ歩き記録を、詳細なレビューとして残しているからです。

1998年から2006年までの間、「札幌激辛カレー批評」というスープカレーの食べ歩きサイトを運営していて、253店、全431皿の食べ歩き記録を収載しています。スープカレー店が徐々に増え始めた2000年頃、スープカレーの情報を載せたサイトというのは、口コミをのぞくと私のサイトしか存在しませんでした。つまり、インターネットをやっていてスープカレー情報が欲しい人は、私のサイトを参考にするしかなかったのです。

このサイトを数年続けたところ、スープカレー・ファンにとって最新の情報をチェックするのに欠かせないサイトとなりました。1日2000アクセスが集まり、私のサイトでお店を紹介すると、翌日には行列ができるという現象も起きました。結果として、多くの人にスープカレーが周知され、樺沢の情報発信でスープカレーブームが起きたといっても過言ではありません。

話は脱線しましたが、「味」という非常に記憶に残りづらいものも、きちんと文章に「書く」すなわち「言語化」してアウトプットすることによって、圧倒的に記憶に残るということです。

言語化すると記憶に残る。これは味に限ったことではありません。精神医学の世界では、患者さんに自分の気持ち、感情や思っていることなど、言葉にしづらいことを言葉で表現してもらうことを「言語化」といいます。

さらに、自分の考えや今の状況を言語化すると、自分の状態を客観的に見ることができるようになります。そうすると、自分で解決法を見つけることができるようになる。結果として、「言語化」するだけで、患者さんはドンドン治っていきます。

五感やそこから生まれる感情など記憶しづらいものも、言葉、文字として表現する。言語化することによって、それを客観的に把握できるようになり、しっかりと記憶に残すことができるということです。

★ソムリエはなぜ、何千という味と香りを記憶し、区別できるのか？

昔、田崎真也さんが、世界最優秀ソムリエコンクールで優勝したときの映像を見ました。グラスに入った1杯のワイン。色、味、香りを頼りに、ブドウの種類、地域、畑、ビンテージ（何年ものか）までを全て言い当てるのに驚愕《きょうがく》しました。これは、ほとんど神業だ、普通の人間にできるものではない、と。

味や香りという漠然とした感覚を、どのように記憶するのか？　それも何百種類、いや、コンテストに出るような人は、1000種類以上もの違いを記憶するそうです。そんな五感を記憶する方法について詳細に書かれているのが、田崎真也さんの『言葉にして伝える技術　ソムリエの表現力』（祥伝社）です。

この本には、興味深いことがたくさん書かれています。

「なぜソムリエは、五感で感じたことを言葉に置き換えるのでしょうか。五感で受け止めた感覚は、潜在的な記憶にとどまることがあっても、それだけでは、自由自在に引き出せる記憶にはなっていません。いつでも思い出し、より明確に呼び起こすためには、言葉が必要なのです。ワインを一種類ずつ、五感のセンサーで受け止めた感覚を左脳で判断し、言語化し、記憶し、それを整理しデータとして蓄積することにより、容易に検索するための手助けとするのです」

「言語化するということは、記憶を整理しやすいツールに変え、意味づけをすることで、より正確なものにして、そして瞬時に呼び起こすことで、自在に応用できるようにするための最適な方法だと僕は思っています」

味や香りといった一瞬で消え去るような繊細な感覚。それを言葉で表現することによって、ストーリー化する。結果として、五感を記憶に残すことができるというわけです。

私はウイスキーが大好きなのですが、ウイスキーを飲んだら、できるだけテイスティングノートに書くようにしています。味や香りと向き合い、グラス1杯の世界に集中し、それを1つずつ言葉に置き換えていく。究極の知的ゲームであり、記憶力のトレーニングにもなることは間違いないでしょう。

テイスティングノートを書くようになってから、味覚と嗅覚、特に嗅覚が鋭くなり、いろいろな香りを選別できるようになりましたし、銘柄を伏せて飲んでも、高い確率で地域は言い当てられるようになりました。代表的な蒸溜所《じょうりゅうじょ》の味と香りを記憶して、脳内のデータベースを増やしているところです。

五感で感じたことを言語化してアウトプットすることは、五感を鍛えるトレーニングでもあり、記憶力の絶好のトレーニングにもなるのです。

第3章

記憶力に頼らずに成果を最大化する
～精神科医の「記憶力外記憶術」

記憶力を高めずに成果を上げる「事前準備記憶術」&「ベストパフォーマンス記憶術」

★もともとの記憶力に頼らない～「記憶力外記憶術」

「記憶力がないから成績が上がらない」「記憶力がないから仕事でもミスをする」……。

こんなふうに、もともとの記憶力や暗記力が悪いから、勉強や仕事で思うような成果を出せないと悩んでいる人は多いと思います。

しかし実は、もともとあなたが持っている記憶力はそのままで、望む結果を手に入れることは十分に可能です。

記憶力を高めないで、結果として記憶にとどめて成績もアップする。仕事の効率も上がる。この方法を本書では「記憶力外記憶術」と呼んでいます。

そんな「記憶力外記憶術」のために必要なのは、「事前準備」と「脳のパフォーマンスをベストにすること」だけです。

記憶は準備が9割である～「事前準備記憶術」

★記憶の効果を2倍、3倍にする方法

「覚えない記憶術」といっても、「記憶する」「覚える」「暗記する」といった作業なしで、教科書やテキストを暗記するなんて不可能だろうと感じている人は多いと思います。

もしそんなことが可能なら、限りなく少ない勉強時間で、試験で100点がとれることになります。「記憶する」「覚える」「暗記する」手間を全くのゼロにはできませんが、その時間や手間を半分にしながら、同じ効果を出す。あるいは、同じ記憶の手間をかけて、2倍、3倍の効果を出すことは可能です。

なぜそんなことができるのかというと、「記憶は準備が9割」だからです。

この章の前半では特に、資格試験や語学試験など、「テスト」を受ける必要のある勉強においても非常に役立つ記憶術「事前準備記憶術」をお伝えしていきます。

【事前準備記憶術①】
「暗記」より「理解」を優先する〜「丸暗記禁止記憶術」

★4つのステップを踏むことで着実に覚える

「記憶術の本なのに丸暗記禁止とは、おかしなことを言うな」と思った人もいるかもしれません。「丸暗記禁止」と「記憶術」という言葉は相容《あいい》れないような気がしますが、そんなことはありません。

「丸暗記」とは、そのまま強引に丸ごと暗記しようという方法ですが、不思議なことに成績が良くない人、記憶力に自信がない人ほど「丸暗記」をしようとします。

では、「丸暗記」の逆は何でしょう？　内容をきちんと理解し、その背景などもふまえて記憶することではないでしょうか。記憶力に自信がない人は、「丸暗記」に力を注ぐのではなく、まず内容の「理解」に力を注ぐべきだと思います。

教科書の新しいページを開いて、それを読んで、いきなり記憶できる人はいないと思います。記憶には、手順が必要なのです。

繰り返しになりますが、「理解」「整理」「記憶」「反復」という4つのステップを踏むことで、効率的に記憶することが可能になります。

学校の授業を想像してみましょう。まず、先生が教科書を読んでその内容を説明します。その説明を聞くことで、教科書の内容を「理解」します。

先生の説明を聞きながら、板書をノートに写し、重要な部分をノートに書きとります。ノートをとるというのは、理解した内容を「整理」して、記録していることになります。

家に帰って、授業の内容を復習し、「記憶」します。さらに、試験の前には、「反復」して、繰り返し暗記していきます。

こうした、「理解」「整理」「記憶」「反復」の4つのステップを踏むことで、効率的に記憶することが可能となるのです。

この4つのステップの中でも、特に重要なのは「理解」と「整理」です。

理解し、整理されていないまま強引に「丸暗記」しようとしても、それでは「意味記憶」の暗記なので、覚えにくく忘れやすいのです。理解、整理に十分な時間をかけることで、「意味記憶」が「エピソード記憶」化しますから、記憶しやすく、忘れにくくなります。

「丸暗記」は禁止！　まず、「理解」と「整理」という事前準備をしっかりしてから「暗記」のステップに進むことで、無理なく、楽に記憶することができるのです。

【事前準備記憶術②】
まず全体を俯瞰しよう～「富士山記憶術」

★全体像がわかると楽になる

私は、富士山に2回登ったことがあります。山頂からの眺めは絶景で、頂上にいたるまでの苦労も瞬時に忘れます。

頂上に登ると、「6合目のあたりは物凄《ものすご》く平坦だけど、8合目のあたりから突然、急になっている」などと、自分が通ってきた道を全て見通すことができます。はじめて富士山に登ったとき、「コースの全体像が最初からわかっていれば、どれだけ楽に登れただろう」と思いました。案の定、2回目の富士登山では、コースの緩急、コースの全体像が完全に頭に入っていましたから、物凄く楽に、余裕をもって登山することができました。

全体像がわかっていると登山が楽になるだけではなく、実は「記憶」も物凄く楽になる。全体像を見通すと楽に記憶できる。

これを「富士山記憶術」と名づけましょう。

★ビジネス書は、最初から読むな！

あなたは、本を買ったら、どこから読み始めますか？

「どこから読み始めるって、最初から読むに決まっているじゃないか」と思ったあなたは、本を読んでも内容を忘れてしまう人かもしれません。

私は、本を買ったら、まず目次を見ます。本の構成、そしてこの本にどんな内容が書かれているのか、本の全体像を見通すためです。

次に、目次の予備情報を頼りに、本をパラパラとめくっていきます。そして、自分が読みたかったこと、おもしろそうな記述を見つけたら、いきなりその部分を読み始めます。

パラパラめくっては、立ち止まってじっくり読む。それを数回繰り返すと、わずか5分くらいではありますが、その本の一番「おいしい部分」、自分が「一番知りたかった部分」は読み終わります。たったの5分ではありますが、腹八分くらいの知的満腹感が得られます。これが、パラパラ読みです。

そこで、「読みたい」「知りたい」気分も一段落したところで、最初のページに戻り、「はじめに」から読み始めるのです。そうすると、あら不思議、本の内容がおもしろいように頭に飛び込んできます。そして、本の内容が、強烈に記憶に残るようになります。

本を読む場合、まずは全体の構成を把握し、それから細部を読んで、深めていくのです。

★「全体→細部」で記憶に残る

記憶において重要なのは「関連」です。**関連性が強いと記憶に残り、関連性が薄いと記憶に残らないのです。**

最初に全体の構成をとらえることで、パラパラ読みをした後に「第1章」に戻ると、それが全体の中でどういう位置づけになっているのかがわかるようになります。

本を最初から順番に読み進めると、今後の展開がどうなるかわかりません。それはそれで、「これからどういう展開になるのか」と、ハラハラドキドキするかもしれませんが、各章、各節と全体の関係は最後まで読まないと見えてこないので、「関連性」の薄いまま読み進めないといけません。つまり、記憶に残らない読み方となります。

あなたは、ジグソーパズルをしたことがありますか？　最初の頃は、全く手がかりがないので、どこにピースを置くのか判断するのに非常に苦労します。しかし、3割くらいが埋まってくると、手にとったピースをだいたいどの辺にはめればいいのかが簡単にわかるようになります。それは、大枠ができあがっているからです。

パラパラ読みというのは、「ジグソーパズルの大枠を作る作業」と考えるとわかりやすいでしょう。たったの5分ですが、全体の3割くらいの構成を把握できますから、本を読むスピードもアップし、内容の理解も深まり、結果として圧倒的に記憶に残る読書につながるのです。

中学、高校の頃、「予習が大切」と言われました。なぜ、予習すると勉強の効果が高くなるのでしょう？　それは、「予習する」ことで、その日にどんなことを習うのか全体像をつかむことができるからです。「予習する」ことでジグソーパズルの大枠ができあがるのです。

授業の中で、予習ではわからなかったところや、話の細部に注意を払って聞くことができますから、理解も深まり、整理された状態で話が入ってくる。あらかじめ接触した情報を再び習うことで「復習」という意味も出てくる。

「予習」というのは、その日に勉強する全体像をつかむ、まさに「富士山記憶術」そのものといえます。

勉強もしかり、読書もしかり。何かを理解し、記憶したい場合はまず、全体をとらえることです。全体の構成、流れ、展開を理解する。富士山の頂上から風景を見渡すように、まず全体を俯瞰《ふかん》し、オーバービューする。次に、細部を読みながら記憶していく。

「全体→細部」という道筋をとることで、圧倒的に記憶効率、学習効率が高まるのです。

【事前準備記憶術③】

資格試験・検定試験で必要なこと〜「対策講座記憶術」

★たった5日間の勉強で合格率45%のウイスキー検定に合格した方法

２０１４年の秋、「ウイスキー検定」が開催されるという情報を知り、ウイスキー好きの私は、すぐに受検しようと決めました。そして、第１回ウイスキー検定２級を受検し、無事合格しました。

驚いたことに、認定証には成績が記載されていて、私の成績は89点、受検者１３７９人中、59位でした。ちなみに、70点以上が合格です。私が受検したときの「２級」の合格率は、45・５%。検定試験としては、かなり難しい試験となったようです。

「89点か。樺沢も、偉そうに記憶術を語る割にたいしたことないな」と思われた方もいるでしょう。しかし、重要なのはこの試験のために私は5日間しか勉強しなかった、ということです。「勉強しなかった」というと偉そうですが、いろいろと仕事が立て込んでいて、5日間しか勉強できなかったのです。

さて、試験からさかのぼること1ヶ月。ウイスキー検定はテキストだけで２００ページ以上あって、ウイスキーの歴史、製法から、個別のウイスキーの特徴まで、覚えるべきことは山ほどあります。じっくりと勉強したいところですが、なにぶん仕事も立て込んでいたので、何週間も時間をとってじっくり勉強する暇はありません。最短時間で合格を目指さなければいけない。

そんなとき、「ウイスキー検定対策講座」なるものが開催されることを知りました。検定試験の約1ヶ月前ということで、勉強し始めるタイミングとしてもピッタリです。すぐに申し込むことにしました。

スコッチ文化研究所（現ウイスキー文化研究所）代表で「ウイスキー検定」の監修者、出題者でもある土屋守先生が、ウイスキーの歴史、製法、地域別ウイスキー、個別ウイスキーの特徴まで、その膨大な出題範囲を3時間ほどで解説する。土屋先生のユーモアあふれる話しぶりも鮮やかで、検定試験を受検するということも忘れて、「ウイスキーとは何か？」「ウイスキーの魅力とは何か？」が存分に学べる素晴らしい講座でした。

テキストを読むと、単なる暗記項目のように見えていたものが、ウイスキーの歴史、製法、個別的特徴をストーリーとして聞くことによって、「壮大なウイスキーの大河ドラマ」として脳に刻み込まれました。つまり、テキストが完全に「ストーリー化」されたわけです。さらに、ウイスキー検定のコンセプト、ウイスキー検定で重要とされる部分（これだけは知っておいて欲しいポイント）にまで言及されました。

200ページのテキストを読むだけで4、5時間はかかります。それがたったの3時間で全体像と要点がつかめるのですから、物凄い時間効率です。第1回の合格率は45・5%でしたが、対策講座を受講した人は、かなり高い確率で合格したはずです。

資格試験、検定試験など、何かの分野の勉強を始めようとするとき、最初に「全体像」を把握すべきなのです。そのためには、たった数時間で全体像を把握できる、「対策講座」「基礎講座」を上手に活用すべきです。

ほとんどの国家試験、資格試験、検定試験では、「対策講座」「基礎講座」が予備校や関連機関の主催で開かれています。ですから、受験しようと思ったら、まずは「対策講座」「基礎講座」に出て、試験範囲の全体像を把握すべきです。

試験に合格するか、しないか？

それは、「暗記力」や「記憶力」、あるいは頭の良さなどとは、直接的には関係ないのです。特に検定試験のように、テキスト1冊を暗記すれば通るような試験は、完全に事前の準備で9割が決まります。

勉強を開始する前に、まず全体像を把握すること。これは、絶対にしなければいけない事前準備といえます。

【事前準備記憶術④】

整理するだけで忘れない～「まとめノート記憶術」

★記憶する前に勝負はついている

暗記、記憶というのは、参考書に赤線を引きながら必死の形相で取り組むイメージがあるかもしれませんが、そういったインプット中心の暗記法、記憶法をしているから、思ったような結果が出ないのでしょう。

『東大合格生のノートはかならず美しい』（太田あや著、文藝春秋）という本があります。東大生が高校生時代に使っていたノートの現物が多数掲載されているのですが、一言でいうと「芸術的に美しい」のです。

見やすい。わかりやすい。字がキレイで整理されている。

こんなノートであれば、見た瞬間に、視覚イメージとして情報が頭に流れ込んでくる。そんなインパクトがあります。この「美しすぎる東大合格生のノート」を見れば、「記憶する前に勝負がついている」ということが、一目瞭然です。

東大合格生は、まず見やすく、わかりやすく整理されたノートを作り、それをもとに暗記の作業をしていくということ。もし仮に、見づらくて、整理されていなくて、わかりづらいノートだったら、その人は東大に合格できていたでしょうか?

見やすく、整理されたノートを作ると、暗記の作業が物凄く楽になる。「整理する」作業をきちんとこなしていれば、覚えなくても、自然に頭に入ってくるのです。

整理が記憶を促進する。これは、数々の実験によって脳科学的にも証明されています。

『脳の力を100%活用する　ブレイン・ルール［DVD付き］』（ジョン・メディナ著、小野木明恵訳、NHK出版）から引用すると、「論理的に整理され階層的な構造にしたがって提示された言葉は、無作為に提示された言葉よりもしっかりとおぼえられる。一般的に、四〇パーセントはおぼえる率が高い」ということです。


知識を論理的に整理し、階層化することで記憶力を40%も高められるのが、「まとめ・整理」の凄い効果です。


整理するためには、「理解」が必要です。そして、整理することによって、さらに「理解」を深めることができます。

例えば、先の東大合格生のノート、それを書いた人に「ノートのこのページを説明してください」と言えば、間違いなく説明できるはずです。「説明できる」ということは、先にも述べた通り、頭の中で「まとまったストーリー」として、それぞれの事象が連結、連合している、ということを意味します。

ですから、整理する、まとめるという工程を踏み、人に説明できる程度に理解できた瞬間に、わざわざ暗記の作業をしなくても、もう頭の中に記憶としてほぼ定着しているということです。

【事前準備記憶術⑤】試験に出るところがわかれば誰でも正答できる～「過去問研究記憶術」

★出される問題の傾向をつかむ

もしあなたが、試験に出題される問題を事前に知っているとしたら、何点とれるでしょう？　100点がとれますよね。

国家試験に出される問題が事前に漏洩《ろうえい》したとすれば、それは大問題になるでしょうが、現実には、出される問題はある程度は予想がつきます。「過去問」と呼ばれる、過去の試験の問題集。これを研究することで、試験のだいたいの傾向をつかむことができるからです。

試験に出そうな部分を予想することを「ヤマを張る」といいますが、私にはあまりいい表現とは思えません。「ヤマを張る」というのは、イチかバチかの博打《ばくち》をするようなものですが、「出される問題の傾向をつかむ」ことに、当たりハズレはありません。

「今年、出された全ての問題が、過去の傾向から外れていた！」ということはあり得ない話です。数問はそうした珍問、奇問が出題されることはあるかもしれませんが、大部分は「過去の出題傾向」の路線から外れることはないでしょう。

国家試験、資格試験などでは、こうした出題傾向を分析した本が必ず発売されていると思いますが、重要なのはこうした「出題傾向を分析した本」に頼らずに、自分で過去問にあたり、自分で傾向をつかむということです。

このように自分で傾向をつかむことで、「ここは出そうだ」「まず、ここは出ないだろう」ということが、自然に見えてくるのです。

★過去問が先、参考書は後

国家試験、資格試験などの勉強をする場合、ほとんどの人はまず教科書、参考書、テキストで、ある程度勉強して実力をつけてから、腕試し的に「過去問」に挑戦すると思います。しかし実はこの勉強法では、かなりの無駄が発生しています。どこが試験に出るかわからないので、全ての部分を均等に勉強し、均等に暗記するしかないからです。

私のやり方は、全く逆です。まず、過去問にひと通り目を通します。最初は解けないでしょうが、それでもいいのです。とりあえず、どんな問題が、どんな形式で出ているのかを徹底的に把握します。

過去問分析でお勧めの方法は、出題された部分について全て「テキスト」のどこにあるかを探し、該当箇所を蛍光ペンで塗っていくという方法です。四択問題であれば、正答以外のひっかけ選択肢の部分も、「出題された」ということで蛍光ペンで塗っていきます。これを過去、最低3年分以上、できれば5年分さかのぼって行うと、どんな問題が、どの分野から、どのくらいの難易度で出題されているのかが、手にとるように見えてきます。

つまり、「ここは、過去に何度も出題されている」「ここは過去に一度も出題されていない」という傾向を分析することで「ここは出そうだ」「ここは出ないだろう」ということが見えてくるのです。

「過去問が重要！」というと、過去問を必死に丸暗記しようとする人がいますが、これは間違った過去問の使い方です。過去問と全く同じ問題がそのままの形式で出題される可能性は低いからです。したがって、過去問と「同種」「同系統」の問題が出た場合も正答できるように準備しておくことが重要になります。

そのためには、過去問を解く場合、問題を解くだけではなく、「出題者の心理を分析する」ことが重要になります。

「出題者はどういう意図でこの問題を出しているのか？」を1問ごとに吟味し、考えてみる。問題は変わっても、「出題者の意図」は、そう大きく変わるものではありません。「このくらいの知識は理解しておいて欲しい」という「このくらいのライン」が、たくさんの過去問を分析することで見えてくるのです。

「どの問題が出たか」という視点で問題を解くと「過去志向」になります。そうではなく、**「どんな問題が出ているか」「これからも、同じ傾向の問題が出るはず」という予測をしながら「未来志向」で問題に向かうことで、過去問分析の効果は最大化できます。**

試験勉強の第一歩は、まず過去問を分析、研究することです。

★過去問分析で満点がとれた！

私が過去問分析をはじめて行ったのは、中学3年生、高校受験のときです。「英語」「国語」「数学」などは、「理解」して考えないと正解できない問題が多い反面、「社会」に関しては、地理や歴史など、暗記すれば正答できるものが圧倒的に多いでしょう。

暗記するだけで攻略できるのなら、徹底して暗記してやろうじゃないか。でも、教科書1冊を丸ごと暗記するのは辛《つら》い。そこで、過去問の登場です。

私は北海道出身なので、北海道立高校の過去5年間分の「社会」の過去問を全て解きましたが、それだけでは傾向がつかめませんでした。そこで、47都道府県の公立高校の入試問題が全て掲載されている問題集を買ってきて、全ての過去問（1年分）を分析しました。入試問題として出された項目、全てを調べ、参考書の該当箇所に「蛍光ペン」で印をつけました。そして、「過去に出題された全ての項目」をノートにまとめました。「これを全て暗記すれば、社会で満点がとれる！」という、暗記項目の決定版を作ったのです。思ったほど項目数は多くない。この程度なら全部暗記できるぞ、というシンプルなノートです。

その後、模擬試験を受けても、このノートから90%以上が出題されることがわかりました。当時中学3年生ではありましたが、「試験に出る」ラインと「試験に出ない」ラインを、塾講師なみに見抜くことができるようになっていたのです。

そして「理科」についても、同様のノートを作りました。

さて、高校受験本番。社会と理科は、満点でした。ほとんどが自分のノートから出題されていますから、楽なものです。

暗記中心でいける科目に関しては、過去問分析だけで、かなりの高得点がとれるのです。

とにかく、試験は、過去問命！

★勉強はまず「重要な部分」から始める〜「上位2割記憶術」

あなたは今、魔法の教科書を持っています。

試験に非常に出やすい「2割」と、たまにしか出ない「8割」が色分けされているのです。あなたは、試験に非常に出やすい「2割」とたまにしか出ない「8割」のどちらを先に勉強しますか?

この二者択一で聞かれると、誰もが試験に非常に出やすい「2割」から勉強すると答えるでしょうが、実際の勉強の場面では、ほとんどの人は、教科書の1ページ目から勉強し始めるのです。

あるいは、試験範囲が決まっている場合は、その範囲の頭のページから勉強を始めるので、結局、時間不足で最後の3割くらいは捨てるしかなくなるのです。

試験においては、最初の1ページ目から勉強するのではなく、まず試験に出る確率の高い「重要な2割」から勉強し始めるべきなのです。

「パレートの法則」というものがあります。

別名「20対80の法則」といわれており、例えば、「20%の仕事が80%の収入を生んでいる」とか、「20%の人間が80%の富を蓄えている」という法則です。

勉強についてもパレートの法則がほぼ当てはまるはずです。その割合は完璧に20対80とはいかないかもしれませんが、**教科書の中で試験に出そうなポイント、上位20%を完全に暗記できれば、80点はとれないにしても、50点、60点といった半分以上の得点がとれるでしょう。**

勉強時間は有限です。ですから、優先順位をつけて勉強すべきなのです。「試験に出そうな部分」と「滅多に試験に出ない部分」を同じ時間をかけて勉強するのは、ロスが多すぎます。

試験に非常に出やすい「2割」と、たまにしか出ない「8割」が色分けされた「魔法の教科書」は、先にお伝えした過去問分析をすれば自分で作ることができます。

まず重要な2割から暗記する。時間に余裕があれば、残りの8割を暗記する。最初の1ページ目から平均的に勉強していくよりも、はるかに効果的に勉強できるはずです。

【事前準備記憶術⑥】

書くだけで100%記憶できる～「単語帳記憶術」

★1対1の組み合わせを暗記するときは、単語帳を用意する

漫画『ドラえもん』に、「アンキパン」という秘密道具が出てきます。食パンの形をしたパンに、暗記したい事柄を転写、食べるだけでその内容が暗記できてしまうという凄い暗記ツールです。ちなみに、のび太は「アンキパン」をたくさん食べてお腹《なか》を下し、結局、全てを忘れてしまうというのび太らしいオチがつきます。

子供の頃、「アンキパン」が実際にあればどんなに便利だろう、と思いましたが、書くだけで100%、確実に暗記できる「アンキパン」は、実際に存在するのです。

それは、別名「単語帳」ともいいます。

単語帳を使えば書いたことが100%暗記できる! それは、ちょっと言いすぎじゃないのかと思う人もいるでしょうが、私の「単語帳記憶術」を使うと、本当に100%記憶することが可能です。

記憶のための重要なツールとして「単語帳」があります。高校受験、大学受験で単語帳を使わなかった人は、ほとんどいないでしょう。単語帳は、英単語に代表される、例えば「apple―リンゴ」のような1対1の組み合わせを暗記するときに絶大な威力を発揮します。また、三択、四択問題やマークシート形式のような、「選ぶ」だけの試験にも効果的です。

私がウイスキー検定にたった5日の勉強で合格できたのも、「単語帳」を上手に活用したからです。ウイスキー検定テキストの巻末に「模擬問題」というのが載っていて、試験は四択で行われることがわかりました。言葉の組み合わせを暗記しておけば、合格できるということです。そこで、テキストで覚えるべき点を全て「単語帳」に書き落とします。

例えば、模擬問題に

「スコットランドの国花といわれる花は何か。

①バラ　②ユリ　③アザミ　④ハリエニシダ」

というものがありました。

答えは、「③アザミ」なのですが、この場合「スコットランドの国花―アザミ」と単語帳に記載するのは当然として、別の選択肢についても「イングランドの国花―バラ」などと書き加えます。さらに、選択肢にはないものの、ウイスキーの産地として有名なアイルランドについても出題される可能性がありそうだと予想し「アイルランドの国花―シャムロック」というのも付け加えます。

このようにして、自分が暗記したいものを全て、カードに落とし込んでいくのです。

ウイスキー検定の場合、私が作ったカードは500枚です。この500枚を覚えれば、確実に合格できるというものを準備することが大切です。

★覚えていないものの記憶に時間をかけろ！～「レベル分け記憶術」

次に、単語帳を使って暗記する作業に入ります。

「スコットランドの国花」というカードの表を見る。裏に書いてある答えは「アザミ」だとわかりますが、より記憶に定着させるために、必ずペンで紙に書きながらチェックしていきます。

何枚かに1枚は、まだ暗記できていない、間違えてしまうカードが出てきます。

そんなときは間違ったカードを抜きとり、「暗記中」の束に移動させます。

ひと通り問題なくチェックが終了したカードは、「暗記済」の束となります。

「暗記中」の束に入っているカードの記憶は、おぼろげです。そこで、それが全て正答できるようになるまで繰り返し暗記します。そして、翌日、「暗記中」のカードに再挑戦します。ほとんど暗記できているのですが、やはり間違えるカードが何枚かあります。

そのときも間違ったカードを抜きとり、今度はさらに「難問」の束に移動します。

つまり、**作ったカードを「暗記済」「暗記中」「難問」の3つの束に分類するということです。**「暗記済」のカードを何度も何度も勉強するのは時間の無駄です。覚えていないカード、ときどき間違ってしまうカード、つまり「難問」「暗記中」のチェックに時間をかけて、「暗記済」のカードは直前にチェックする程度でいいでしょう。

これを繰り返し、「難問」の束が全問正解できるようになれば、「100%記憶した」ということになります。

これが、書くだけで100%確実に記憶できる、単語帳を「アンキパン」にする方法です。

この方法で、ウイスキー検定本番でも、カードに落とし込んだ知識に関しては、100%正答することができました。カードに落とし込めなかった重箱の隅をつくような問題は残念ながら間違えてしまいましたが、合格ライン70点のところ89点と余裕の合格です。

コツは、先述の通り、**覚えたカードのチェックに時間をかけずに、覚えていないカードの記憶に十分な時間を振り分けること**です。それによって、時間を有効利用できます。

単語帳を使ってはいても、「暗記したカード」と「暗記できていないカード」に分類していない人が大部分かと思いますので、是非、やってみてください。本当に、100%記憶できます。

脳の状態を整える～「ベストパフォーマンス記憶術」

★今の「記憶力」のままで効果は何倍にもアップする！

最も記憶に適した時間帯はいつでしょう？　答えは、夜です。

では、徹夜で暗記するのは効果がある？　睡眠を削って勉強するのは、全く逆効果です。

「記憶」は、「脳」でするものです。つまり、「脳」のパフォーマンスが高い状態で記憶すれば、短時間の学習でもしっかりと長期間記憶できます。逆にいうと、「脳」のパフォーマンスが低い状態で記憶しようとしても、全く効率が上がらず、記憶したと思ってもすぐに忘れてしまいます。

脳のパフォーマンスを考慮して勉強、学習、さらに仕事に取り組めば、「記憶力」の良い人はさらに効果が上がり、「記憶力」の悪い人でも、それなりの効果を発揮することができます。

絶対的な「記憶力」を2、3日で伸ばすことは難しいとしても、脳のベストパフォーマンスを作り上げて記憶、学習効率を大幅にアップすることはできる。「ベストパフォーマンス記憶術」を用いると、記憶力はそのままに、なんと今日からでも効果を上げることができます。

さらに、記憶において最も重要なのは、復習のタイミングといわれます。同じ3時間を暗記学習に振り分けたとしても、いつ復習するのか、何回に分けて復習するのかによって、その学習効果は何倍も変わってくるのです。

ベストのパフォーマンスで学習し、ベストのタイミングで復習する。「ベストパフォーマンス記憶術」を実践すれば、あなたは今の「記憶力」のままで、記憶力を最大化することができます。ここからは「睡眠」と「学習計画」という2つのキーワードから、脳のパフォーマンスを高める方法について説明していきます。

眠るだけで記憶は促進される！〜「眠るだけ記憶術」

★「睡眠」と「記憶」の意外なルール

最も簡単に記憶力をアップさせる方法を1つだけあげろ、と言われたなら、私は「睡眠」をあげます。

睡眠と記憶には、非常に密接な関係があります。どんなに日中、必死に勉強しても、睡眠時間が足りなければ、それが記憶としてしっかり定着することはありません。「睡眠不足」によって、全ての勉強の努力が無駄になります。

きちんと睡眠をとるだけで記憶力がアップする。
そんな楽なことはないと思われるかもしれませんが、夢のような記憶術が実際にあるのです。

眠るだけで勝手に記憶される。

まさに、「睡眠」は究極の「覚えない記憶術」そのものだといっても過言ではないでしょう。

以下、記憶力をアップさせたいのなら絶対に知っておきたい、睡眠と記憶力の重要なルールについてお伝えします。

【記憶力を強化する睡眠のルール①】

記憶の定着には、睡眠時間が6時間以上必要

★夢を見ることで記憶の整理と定着ができる

夜、寝ているときに「夢」を見ます。
なぜ、人間は夢を見るのでしょう?
これにはいろいろな説がありますが、「夢」によって記憶の整理、定着が行われている

という説が最有力です。

日中の記憶をしっかりと定着させるには、6時間以上の睡眠が必要です。ハーバード大学のスティックゴールド博士は、**新しい知識や技法を身につけるためには、覚えたその日に6時間以上眠ることが不可欠**だという研究結果を2000年に発表しています。

睡眠時間を3時間や4時間に削って勉強したり、徹夜で勉強したりしても、記憶は定着しないし、学習効果も得られないということです。

睡眠時間をきちんととると、その分勉強に使える時間が減ってしまい、不安に思うかもしれません。

しかし実は、睡眠を適切にとることによって、効率的に記憶効果、学習効果を得ることができるのです。

【記憶力を強化する睡眠のルール②】
徹夜・睡眠不足禁止！

★徹夜・睡眠不足は脳のパフォーマンスを低下させる

試験前日の夜は、「徹夜で勉強するのが当然！」という人もいるでしょうが、間に「睡眠」をはさんでいないので、試験が終わった途端に、覚えたはずの事柄のほとんどが忘れ去られてしまいます。これでは、いくら頑張って勉強しても、勉強の成果が積み上がりません。

また、徹夜は脳のパフォーマンスも著しく低下させます。

例えば、徹夜が認知能力の低下を引き起こすということは、数々の実験から明らかになっています。

あるいは、徹夜でなくとも、睡眠を少し削るだけでも、脳に対する悪影響は深刻です。

国立精神・神経医療研究センターの三島和夫博士の研究によると、6時間睡眠を続けたところ、10日目あたりから、認知能力は継続して24時間睡眠をとらなかったとき（一晩の徹夜）と同程度まで下がりました。

徹夜、あるいは睡眠不足によって記憶力だけが下がるのではなく、ほとんどの脳機能が低下するのです。

脳のパフォーマンスが低下したこのような状況で試験本番にのぞんで、実力が発揮できるはずがありません。何ヶ月もかけて記憶し、長期記憶化できている事柄ですら思い出せなくなってしまいます。

★徹夜すると脳細胞が死ぬ!?

「徹夜すると脳細胞が死ぬ」という話をときどき聞きますが、これは本当でしょうか？

ラットを5日間睡眠遮断したところ、脳下垂体の細胞の一部が細胞死を起こした、という研究があります。また別の研究では、96時間の睡眠遮断をしたラットでは、海馬で新しいニューロンの産生がほとんど行われなくなりました。

さらに睡眠不足が続くと、ストレスホルモンのコルチゾールが分泌されます。コルチゾールの高値が続くと、海馬の神経細胞にダメージを与え、海馬の神経細胞を殺します。

5歳から18歳までの290人を調べた東北大学で行われた研究では、睡眠時間が短い子供は、脳の海馬の体積が小さかったと報告されています。

1回の徹夜でどれだけ脳細胞が死滅するのかは定かではありませんが、継続的な睡眠不足が記憶の定着の主役を演じる海馬に対して、著しい悪影響を及ぼしていることは間違いないようです。

全く眠らない、徹夜というのは論外。6時間を切る睡眠不足程度でも、記憶や認知機能に影響を与えるわけですから、**記憶力を高めたければしっかりと眠るというのは、脳にベストパフォーマンスを発揮させるための大原則となります。**

【記憶力を強化する睡眠のルール③】

記憶のゴールデンタイムは「寝る前」

★「寝る前」に暗記して、そのまま眠ってしまおう

記憶に適する時間というのはあるのでしょうか？

もし記憶に適する時間があるのなら、その時間帯に暗記をするのが、一番効率の良い記憶術、暗記術ということになります。

最も記憶に適した時間帯、それはズバリ「寝る前」です。特に寝る前の15分は「記憶のゴールデンタイム」といわれています。

睡眠が記憶の定着を促すということは、既にお話ししました。暗記したら、そのまま何もせずに、布団に直行して眠るのが、一番記憶定着を促進させるのです。

記憶の定着を妨害する因子として、「記憶の衝突」というものがあります。ある程度の暗記をした後、似たような情報や余計な情報が入力されると、脳の中で情報同士が衝突して、定着しつつあった記憶が混乱し、記憶が妨害されてしまうのです。

ですから、「今日は1日、勉強を頑張ったから、映画を見て寝よう！」「1時間だけゲームをして寝よう」という人もいるかもしれませんが、記憶術的に見るとそれは最悪の「寝

る前」の時間の過ごし方といえるのです。

勉強したら、そのまま布団に直行するのが記憶には最も効果的なのです。

★脳を最高のパフォーマンスで活用する～「時間帯別勉強法」

夜、それも寝る前は暗記、記憶に向く時間帯。逆にいうと、午前中は暗記、記憶には向かない、ということになります。では、午前中は記憶に向かないとするならば、どんな勉強をすればいいのでしょうか？

朝起きてからの2～3時間というのは、「脳のゴールデンタイム」といって、脳の中が非常に整理された状態です。高度に論理的な思考をしたり、難解な物事を理解したり、文章を書いたり、語学の勉強をしたりするのに向くといわれています。

記憶の4ステップを思い出してください。「理解」「整理」「記憶」「反復」。このうち、「理解」や「整理」が午前中に向く作業です。

午前中は「理解」や「整理」の勉強に時間を割り振り、夜は「記憶」と「反復」の勉強をする。

特に寝る前15分の「記憶のゴールデンタイム」を大切にして、苦手な分野などを一気に暗記してそのまま寝てしまう、というのが効率的な勉強法といえます。

例えば、数学や物理。これらは、暗記よりも理解が重要です。こういう理解型、論理型の科目は午前中に向きます。

あるいは、数学や物理でも、公式の暗記というのがありますから、暗記に関しては、寝る前に反復して、しっかりと定着させるといいでしょう。

あるいは、英語でも文法は「論理型」ですが、英単語は「暗記型」の勉強になります。

このように、「理解型」と「暗記型」の勉強を区分し、「理解型」は午前中、「暗記型」は夜に勉強するようにするだけで、勉強の効率、記憶の効率は飛躍的に高まります。

【記憶力を強化する睡眠のルール④】

「寝だめ」しても睡眠不足は補えない

★睡眠不足が続くと週末に10時間眠っても効果がない

睡眠時間を削ると、記憶力に限らず、翌日の注意・集中力、認知能力、学習能力など、ほとんどの脳機能が低下することがわかっています。

「普段は睡眠を削っても、土、日にたっぷり眠れば、その分は取り返せるだろう」と思っている人も多いでしょうが、アメリカのブゴンツァス博士の研究によって、これが間違いであることが示されました。

13日の間に、8時間睡眠を4日、6時間睡眠を6日、10時間睡眠を3日、順にとってもらい、検査を実施しました。

2時間の睡眠削減によって、眠気や認知機能の低下が観察されました。その後、10時間の睡眠を3日とる（週末の「寝だめ」を再現）と、眠気は改善しましたが、認知機能は回復しなかったのです。

つまり、「睡眠不足でも、その後たっぷり眠れば脳は回復する」というのは間違いだったわけです。平日、睡眠を削った分、週末に10時間の睡眠をとったとしても、低下した認知能力は回復しない。つまり、休日明けも脳のパフォーマンスが低下した状態が続くのです。

慢性的な睡眠不足の人は、常に頭がボーッとして、100％のパフォーマンスを発揮できない状態で勉強や仕事をしている、ということになります。

毎日6時間以上の睡眠をとって、集中力を高めて、脳のパフォーマンスをベストに維持する。これが集中力や記憶力、さらにはビジネスの作業効率を保つためには必須なのです。

【記憶力を強化する睡眠のルール⑤】

ちょっと寝るだけでも記憶は定着する!

★「仮眠」が記憶の定着に大きな影響を及ぼす

記憶のためには、6時間以上の睡眠が必要。そうはいっても、仕事が忙しくて、毎日残業もあり、十分な睡眠時間をとることは無理だという人もいるでしょう。そういう人は、どうすればいいのでしょう?

睡眠不足によるパフォーマンス低下を乗り越える切り札は、「仮眠」です。

ドイツのリューベック大学の研究に、以下のようなものがあります。まず、被験者にイラストが描かれた15種類のカードを記憶してもらいます。40分後、被験者の半分には、最初のカードと少しイラストが違うカードを覚えさせます(記憶の攪乱《かくらん》のため)。残りの被験者には40分間の軽い睡眠(ノンレム睡眠)をとった後にカードを記憶させました。その後、最初に覚えたカードについてテストをしました。

すると、睡眠をとったグループのほうが、睡眠をとらなかったグループよりも良い結果を出しました。睡眠をとらなかったグループの正解率は60%でしたが、睡眠をとったグループの正解率は85%になったのです。

また、脳の画像分析の結果、睡眠によって記憶の長期保存が促されたことが確認されました。

睡眠によって記憶の長期保存が促進され、種々の情報による記憶の衝突を防ぐことができる。たった40分の仮眠でも、記憶の定着に大きな影響を及ぼすのです。

★26分の仮眠で仕事効率が34%もアップする

仮眠は、記憶以外にも、脳のパフォーマンスを全般的に改善します。アメリカのNASAの研究によると、26分の仮眠によって、仕事効率が34%アップ、注意力は54%もアップしたそうです。

アメリカでは、仮眠室やナップポッドと呼ばれる睡眠マシンを導入する企業が増えており、Googleやナイキなどの大手企業も導入しています。

また日本でも、厚生労働省が作成する「健康づくりのための睡眠指針」が2014年に11年ぶりに改定されました。

そこには、以下のように書かれています。

「午後の眠気による仕事の問題を改善するのに昼寝が役に立ちます。午後の早い時刻に30分以内の短い昼寝をすることが、眠気による作業能率の改善に効果的です」

仮眠の効果について、国がお墨つきを与えているのです。

一昔前であれば、昼寝していると「何やってるんだ！」と叱られそうな雰囲気があったかもしれませんが、最近では日本の企業でも、仮眠室を設け、仮眠をサポートする会社が増えているようです。

★ナポレオンは、ショートスリーパーではなかった!?

ナポレオンは、1日3時間しか眠らなくても連戦連勝の輝かしい活躍をしていた。だから、睡眠時間を削っても大丈夫、とショートスリープ（短時間睡眠）推奨者は言います。

しかし、最近の研究ではナポレオンのショートスリーパー説に疑義が提示されています。

ナポレオンが重度の胃潰瘍を患っていたことは有名です。ナポレオンの死因については諸説ありますが、胃潰瘍の悪化による胃穿孔《せんこう》（胃に穴があくこと）も必ず取り上げられる説の1つです。

ナポレオンの肖像画は、たいてい手をお腹に当てていますが、これは常に胃痛に悩まされていたことを示しています。さらに毎日のように夜中まで胃痛がひどく、それによって1日3時間しか眠ることができなかったようです。

胃潰瘍の最大の原因はストレスです。睡眠はストレスを解消し、また睡眠中に細胞の修復が行われます。ナポレオンの胃潰瘍悪化に睡眠不足が関係していたことは、間違いないでしょう。

さらにナポレオンの側近、ブーリエンヌが書き残した回顧録によると、ナポレオンは会議中や馬での移動中によく居眠りをしていたそうです。つまり、ナポレオンは1日3時間しか眠らなくても闊達《かったつ》に活動できるショートスリーパーだったのではなく、胃潰瘍による胃痛で3時間しか眠れなかった。慢性的に睡眠障害を抱えており、それを「仮眠」で補っていた。いうなれば、「仮眠」の達人だった、と考えられるのです。

レオナルド・ダ・ヴィンチは、4時間ごとに15分の昼寝をしていたことが知られています。また、発明王エジソンも昼寝を習慣にしていたといいます。歴史上の偉人たちも、仮眠を上手に活用し、脳のパフォーマンスを最大化していたのです。

★仮眠をビジネスに活かす！～「パワーナップ実践法」

時間あたりに対する睡眠の効用を最大化する仮眠法は、「パワーナップ」と呼ばれます。パワーナップの最適時間は、15～20分といいます。30分を超えるとより深い睡眠に入ってしまうために逆に疲労感が増し、さらに60分を超える仮眠は、夜の睡眠に悪影響を及ぼします。

　また、仮眠は15時頃までに終わらせるべきで、それ以後の仮眠は、やはり夜の睡眠に悪影響を及ぼします。

　理想的には平らなところで眠るのがベストですが、イスに座ったまま机の上で顔を伏せて眠るようなやり方でも、かなりの効果が得られるといいます。また、パワーナップの前に、コーヒーや緑茶などでカフェインを摂取しておくと、約30分後にはカフェインの効果が現れるため、自然に目覚めやすくなります。

　私の場合は、仮眠を習慣にしているわけではありませんが、疲れているとき、強い眠気を感じたときには、我慢せずに20分ほどの仮眠をとるようにしています。

　能率が低下したまま仕事をしてもはかどらないどころか、時間の無駄です。仮眠による時間損失と、仮眠による回復効果とその後の仕事効率アップを考えれば、仮眠したほうがいいかどうかは、自《おの》ずと見えてくるはずです。

記憶には復習が不可欠～「学習計画記憶術」

★復習しなければ、ほとんどの情報は忘れ去られる

　記憶には復習が重要であるということは、誰でも知っていると思います。

では、最初の記憶から何日後に、そして何回くらい復習するのが最も効率がいいのでしょうか。そうした学習計画の立て方によって、結果として「どれだけ覚えているか」というパフォーマンスは、何倍も変わってきます。

ドイツの心理学者エビングハウスは、「SOB」「RIT」「GEX」などの無意味なアルファベット3文字の組み合わせを数多く記憶し、時間の経過とともに記憶したことがどのように変化するかを調べました。

その結果、記憶した直後に急激な忘却が起きることが明らかにされました。その後はゆるやかに忘却されていきます。

100年以上前に行われたエビングハウスの研究は、今日の記憶研究の基本となっています。

記憶というのは、時間とともに忘却されていくわけです。

これを防ぐには、復習しかありません。

適切なタイミングできちんと復習することによって、覚えている割合は確実に増えていきます。

ただし、エビングハウスの実験では、「無意味なアルファベットの組み合わせ」、つまり典型的な「意味記憶」を調べていることには注意が必要です。

関係性のある事柄や実際の出来事の記憶（「エピソード記憶」）は、そこまで急速には忘却しません。

逆に、覚えることに関連性を持たせ、ストーリー化することによって記憶に残す、という本書の戦略が生まれてくるわけです。

【学習計画記憶術①】

1週間以内に3回復習しよう～「137記憶術」

★「1日」「3日」「7日」後に復習する

では、効果的に長期記憶に残すための、最良の復習タイミングとはどのようになるのでしょうか。

これに関しては、いろいろな研究があります。その1つに「1day-1week-1month法」というものがあります。最初に記憶してから、1日後、7日後、30日後に復習すると良い、というものです。

何を記憶するのかということにもよりますが、1日後と7日後だと間が空きすぎるので、私は経験的に3日後くらいに復習を入れることを勧めています。

「1日後、3日後、7日後」という3回にわたって復習をすると、ほぼ記憶できます。そして30日後に、本当に覚えているかどうかを再チェックするイメージです。

1日後、3日後、7日後の頭文字をとって「137記憶術」と呼びましょう。

脳に入力された情報は、2～4週間、海馬に仮保存されます。その間に3～4回、あるいはそれ以上使用された情報を、脳は「重要」だと考えます。これらの回数や期間はあくまでも目安で、厳密なものではありません。

ただ、「2～4週間以内に3～4回のアウトプットをしましょう」では、漠然として、勉強の計画も立てられません。

そこで、「1、3、7、30」という数字を目安に、復習をしていけばいいでしょう。厳密に3日後ではなくても4日後や5日後でもいいわけですが、あまり期間を空けすぎないうちに、つまり記憶したものをすっかり忘れてしまわないうちに、しっかり復習しましょう。だいたいの目安として「137」を覚えておいてください。

【学習計画記憶術②】

暗記はまとめてやるな！〜「分散記憶術」

★一度に集中して暗記しようとしても、定着しない

試験が近づいたり、時間に追われて切羽詰まった状態になったりすると、同じ教科を何時間も続けて勉強したり、暗記勉強だけを何時間も続けてやってしまったりすることもあるでしょう。しかし、記憶や暗記は長時間連続してやると、著しく効率を下げてしまいます。

ニューヨーク大学のダヴァチ博士による、ある単語リストを記憶してもらう実験があります。「集中学習」群には、たった1日でその全てを暗記してもらいます。一方の「分散学習」群には、2日かけて暗記してもらいますが、トータルの暗記時間は同じです。

テストの結果は、「集中学習」群も「分散学習」群も、ほぼ同じ点数となりました。しかし、さらに翌日、予告なしにテストを行ったところ、「分散学習」群のほうが正答率で約10％も良い結果を出したのです。

つまり、「集中学習」は「分散学習」よりも忘れやすい、定着しないということです。

「記憶力を強化する睡眠のルール」でも話しましたが、多くの情報が一度に詰め込まれる

と、「記憶の衝突」が起きるのです。

例えば英単語100個を一度に記憶しようとすると、覚えようとしている単語同士が脳の中で衝突してしまい、記憶の定着を妨げてしまいます。

ハーバード大学のダニエル・L・シャクター博士も、『なぜ、「あれ」が思い出せなくなるのか　記憶と脳の7つの謎』（春日井晶子訳、日本経済新聞出版）でこう述べています。

「一週間後のテストに向けて勉強する際には、その内容を一〇回繰り返す方が、テストの直前に一度にすべてを覚えようとするよりも良い結果が得られるはずなのだ」

勉強は、一度に詰め込むのではなく、ある程度期間を空けて繰り返す。

一度に長時間やるよりも、勉強時間を分割して「繰り返す」ことで、脳のパフォーマンスを最大化できるのです。

【学習計画記憶術③】
頑張りすぎは逆効果〜「休憩スケジュール記憶術」

★「初頭効果」と「終末効果」で効率アップする

気がつくと3時間も勉強していた。そのくらい長い時間集中力を維持して勉強できることは、なかなか多くないと思います。「ああ、疲れたなあ」「もう飽きてきた」「もうやめたいな」と、「やめたい」欲求と闘いながら勉強している人のほうが、圧倒的に多いはずです。勉強も仕事もそうですが、疲れる前に休憩をとることが重要です。

勉強も仕事も、最初と最後は集中力が高まり、記憶力や作業の効率が高まります。心理学では、「初頭効果」と「終末効果」といいます。「さあやるぞ!」という「最初の頑張り効果」、そして「もうすぐ終わるぞ!」という「最後の頑張り効果」が、勉強や仕事の効率を高めるのです。

例えば、45分単位で5分休憩するパターン。90分単位で10分休憩するパターン。最初と最後の5分に頑張り効果が得られるとすれば、6時間仕事をした場合、45分単位の人は、効率の高い時間帯を80分得ることになりますが、90分単位の人は、それが40分しか得られないのです。

休憩をはさむとリフレッシュの効果が得られるのは当然として、「初頭効果」と「終末効果」が、それぞれの時間ブロックごとに得られるので、全体としても、記憶効率や仕事効率はアップするということです。

長時間ダラダラとやるよりも、時間を決めて疲れる前に休憩をとったほうが、勉強も仕事もパフォーマンスを最大化できるのです。

第4章

感情が動くと記憶も強化される
〜精神科医の「感情操作記憶術」

感情が動くと記憶が強化される

★感情のコントロールを行うと記憶に残すことができる

はじめてのデート。あなたは、誰とどこに行きましたか？　10年前なのか、30年前なのか、かなり昔の話かもしれませんが、おそらくありありと記憶しているのではないでしょうか？

人間は、入力された情報の99％を忘れるといいましたが、「とても楽しかった思い出」は、特に復習しなくても、非常によく記憶しているものです。あるいは、辛《つら》い思い出、悲しい思い出なども、忘れたくても忘れられないということがあります。

記憶と情動は深く関わっています。人間は、喜怒哀楽など感情が大きく動かされた出来事は、強烈に記憶する仕組みを持っているのです。

クラインスミスとカプランは、8つの単語と1桁の数字を組み合わせて記憶させる実験をしました。単語には、「キス」「嘔吐《おうと》」などの情動を刺激する単語と、普通の単語が交ぜられています。

1週間後にテストをした結果、情動を刺激する単語の組み合わせは、普通の単語の組み合わせよりも、よく記憶されていたのです。

情動が刺激されると、記憶力が高まる。その理由は、情動刺激とともに私たちの脳の中で分泌される脳内物質、神経伝達物質が、記憶を増強する作用を持っているからです。

例えば、ワクワクするとき、楽しいとき、幸せなときに分泌される幸福物質ドーパミン。物凄《ものすご》くハッピーなときに分泌される脳内麻薬のエンドルフィン。恐怖や不安を感じたときに分泌されるノルアドレナリンやアドレナリン。これらの物質には、いずれも記憶を増強する効果があることが確認されています。

楽しい出来事、幸せな出来事を強く記憶する。それによって、私たちは楽しく、幸せに生きることができます。

恐怖や不安な出来事を強く記憶することは、同様の危険を避けるために重要な意味を持ちます。

このように、情動を喚起する出来事に対する記憶を「情動記憶」といいます。情動記憶は、普通の出来事よりも圧倒的に記憶に残りやすく、何度も復習する必要もありません。

逆にいうと、意識的に感情のコントロールを行うことで、情動の記憶増強効果を利用し、覚えなくても勝手に記憶に残すことができる。これが、「感情操作記憶術」です。

【感情操作記憶術①】

緊張は「敵」ではない～「ほど良い緊張記憶術」

★多少の緊張感があったほうが学習効果は高まる

あなたも学生時代、模擬試験に出た問題が本番の試験で出題されたとき「あっ、これは模擬試験で出された問題と同じだ！」とうれしくなった体験があるはずです。

普段、家で解く問題よりも、「模擬試験で出た問題」のほうが、圧倒的に記憶に残りやすいのはなぜでしょう？　その理由は、「ほど良い緊張感」にあります。

ほど良い緊張状態では、脳内にノルアドレナリンという物質が分泌されています。ノルアドレナリンは扁桃体《へんとうたい》や海馬で他の神経伝達物質やホルモンなどと相互に作用し、長期記憶の形成を促します。長期記憶形成において、非常に重要な脳内物質なのです。

「緊張したらどうしよう」と緊張を心配し、緊張を嫌い、緊張を「敵」のように思っている人も多いでしょうが、**「ほど良い緊張」は、私たちの「心強い味方」**だったのです。

さらに、ノルアドレナリンは、「作業記憶」とも密接に関係しています。いわゆる「テンパる」という状態は、ノルアドレナリンの過剰分泌によって、作業記憶がうまく働かなくなってしまった状態です。

「ほど良い緊張」を超えて「極度の緊張」に陥ると、「頭が真っ白」になり、脳のパフォーマンスは著しく低下します。

緊張感がない状態よりも、適度な緊張感があるほうが脳のパフォーマンスは高まる。しかし、極度の緊張状態では、脳のパフォーマンスは下がってしまう。これは、心理学実験によっても証明されていて「ヤーキーズ・ドットソンの法則」といいます。

心理学者のヤーキーズとドットソンの実験で、まずネズミに黒と白の目印を区別するように訓練します。ネズミがその区別を間違えたときには電気ショックを与えます。電気ショックの強度を上げていくと正答率はアップしますが、最適なある強さを上回ると逆に正答率は下がっていくことがわかりました。

電気ショック、すなわちストレスの強さが適切なとき、ネズミは最も早く学習し、逆に与える電気ショックが弱すぎる、または強すぎると、学習能力は低下するのです。

つまり、ストレス、緊張感、罰など不快なものは多少あったほうが、学習効率は高まるということです。

★緊張は記憶する絶好のチャンス

では、「ほど良い緊張記憶術」とは、具体的にはどのようなものなのでしょうか？

「今度の模擬試験どうする?」「あまり準備ができていないから、今回はやめておく」。学生同士のありがちな会話です。

「模擬試験」は現在の実力を計測するための試験、本番慣れするための実践練習だと思いがちですが、実はそれだけのために受けるのはもったいない話です。先述したように、「ほど良い緊張」は記憶力を抜群に高めてくれます。少し緊張もあり、しかし本番ほどは緊張しない模擬試験は、まさに「ほど良い緊張」を感じさせてくれます。

したがって、模擬試験に出た問題、模擬試験で間違えた問題は、圧倒的にその後の記憶に残りやすいのです。ですから、準備ができていなくても、模擬試験は積極的に受けるべきでしょう。

仕事の場合も同様です。「今度の社内勉強会の発表者、引き受けてくれないかな?」と上司に言われたとき、「いろいろと案件が重なっていて忙しく、準備する時間がとれません。申し訳ありません」と断る人も多いでしょう。しかし、これは絶好の記憶、そして成長のチャンスを手放してしまうのと同じです。

勉強会の発表者をやったところで給料が増えるわけでもなく、面倒な仕事を押しつけられただけと思うでしょう。多くの社員や上司の前で発表する場合、資料や文献を読み込み、周到な準備をしないといけません。それは結構なプレッシャーでしょうが、準備期間に読んだ資料や文献は、ありありと記憶されるでしょう。どんな質問が飛んでくるかわからないし、質問に答えられないと大恥をかく。そんなプレッシャーが、あなたの記憶力を活性化するのです。結果的に、発表を終えたあなたは大きく成長しているでしょう。

医者の世界では、学会発表はつきものです。でも多くの研修医、新人の医師は学会発表を嫌います。学会発表をするには、30～50本くらいの関連論文を集めて、それを読み込み、ポイントを頭に入れておかなくてはいけません。さらにその道の専門家のドクターが鋭いツッコミを入れてくるので、かなりのプレッシャーがかかります。しかしながら、学会の準備のために読み込んだ学術論文は、不思議なことに何年たってもしっかりと記憶されています。

このように、人前で発表したり、試験やテストを受けたりするというのは、不安、緊張をともなうため、多くの人は「できれば避けたい」と思うでしょう。しかし、こうした**「人が嫌がるようなイベント」こそが、ほど良い緊張を与え、あなたの知識と経験を爆発的に広げる絶好のチャンスになるのです。**

★「過度の緊張」は、記憶の敵である

記憶するときは、軽い緊張感、軽いストレスがあったほうがいい。しかし、ストレスが

大きくなりすぎると、全くの逆効果となります。それは前述の通り、**大きすぎるストレスは「記憶」と「学習」効果を低下させるのに加えて、「想起」、すなわち「思い出す」ことの障害をも引き起こす**からです。

普段の試験では素晴らしい成績をとっているのに、受験本番ではあがってしまって、全く実力が発揮できなかった。本当は覚えているはずの知識なのに、全く出てこなくなった、という人がいます。

あるいは、プレゼンのために何度も予行演習をして準備万端のはずが、いざ本番のステージに立ったら、緊張して頭が真っ白になってしまった。本来は記憶しているはずの内容が全く出てこなかった、ということもあるでしょう。

このように緊張が極度に強い状態では、ノルアドレナリンが多量に分泌されています。ノルアドレナリンが働きすぎると、作業記憶の働きを低下させてしまいます。作業記憶が働かなくなると、頭の回転が遅くなり、思考力が低下し、場合によっては頭が真っ白になって全く何も考えられなくなってしまうのです。

どんなに一生懸命勉強して、試験範囲を暗記したとしても、覚えたことを十分に思い出せないとしたら、それは致命的です。こうした「緊張によって思い出せない」事態を防ぐには、どうしたらいいのでしょう？　それは、**緊張する場面に慣れておく**ということです。

例えば受験生の場合は、本番さながらの環境で受ける「模擬試験」が効果的だと思います。試験と同じような環境で、同じ時間配分で試験を受けた経験が何度もある人と全くない人とでは、本番で抱く緊張感も全く違います。

受験生以外の場合であれば、「緊張する場面」に積極的に出ておく、というのもいいでしょう。私たちがよく経験する緊張する場面というのは、「人前で話す」ということではないでしょうか。

ですから、人前で話すチャンスがある場合、例えば何かの発表を頼まれたときなどは、是非積極的に引き受けてください。実はそれこそが「緊張の場に慣れる」絶好のチャンスなのです。自ら率先して手をあげて、「やらせてください」と言うべきでしょう。

★緊張を2分でとりのぞく方法

こうした「場慣れ」する経験を普段から積んでおくことは大切ですが、それでも試験本番、発表本番では、物凄く緊張してしまうかもしれません。

そんなときに役立つのは、「深呼吸」です。「深呼吸で緊張が和らぐなんて、なんて当たり前のことを」と思うでしょうが、脳科学的に見ても深呼吸のリラックス効果は絶大です。

人間は緊張すると呼吸が速くなり、心臓がドキドキします。心臓の速度を自分で調整することはできませんが、呼吸の速さは自分でコントロールできます。5秒かけて鼻から大きく息を吸い、20～30秒かけて鼻からゆっくり吐き出します。これを3回繰り返してください。たったこれだけで、緊張はかなり和らいでいるはずです。

呼吸が速くなり、心臓がドキドキするのは、交感神経が優位になっているからです。交感神経優位の状態が、「緊張している」状態そのものです。そこで、深呼吸することで「交感神経」をリラックスの神経である「副交感神経」に切り替え、緊張をとりのぞくのです。

深呼吸のリラクゼーション効果は絶大です。「緊張したら、深呼吸をする」ことを普段から習慣にしておくのがベストです。本当に極度に緊張してしまうと「深呼吸をすれば緊張がとれる」ということすら忘れてしまいます。

【感情操作記憶術②】

逆境パワーを仕事に活かせ！～「火事場の馬鹿力記憶術」

★追い詰められたときに分泌される脳内物質を活用する

夏休みの最後の1日。ほとんど手つかずの宿題や自由研究を、たった1日で終わらせた。

そんな経験は、誰にでもあると思います。もともと1日で終わらせられるのであれば、夏休み最初の1日で終わらせればいいのに、と思うかもしれませんが、最初の1日では、どんなに頑張っても全ての宿題を終わらせることはできないはずです。

追い詰められたときに発揮される、予想を超えた凄い力を「火事場の馬鹿力」といいますが、「火事場の馬鹿力」は脳科学的にも、全く正しいと思います。

人間は、追い詰められるとノルアドレナリンという脳内物質が出るのです。ノルアドレナリンが分泌されると、注意力、集中力が高まり、結果として物事を素早く判断できるようになり、それと同時に記憶力、学習能力、作業遂行能力など、ほとんどの脳機能が高まります。

同時に、追い詰められたときにはアドレナリンという物質も出て、こちらは筋力、瞬発力、心肺能力を高めます。火事のときにおばあさんがタンスを背負って逃げた、という話を聞きますが、まんざら嘘《うそ》でもないのです。

いざというときに、ノルアドレナリンは脳の力を高め、アドレナリンは身体能力を高めるということです。

ノルアドレナリンやアドレナリンは、恐怖、不安、緊張と関連して分泌されます。原始人が猛獣と出会ったとき「戦う」のか「逃げる」のかを瞬時に判断し、瞬時に行動しなければ、殺されてしまっていたでしょう。そんな太古の昔から、ピンチのときに分泌されているのがノルアドレナリンやアドレナリンです。

興味深いことに、ノルアドレナリンが分泌されると注意力や集中力だけではなく、記憶力も高まります。ですから、「追い詰められた状態」で記憶するのは、記憶術的には非常に理にかなった効果のある方法といえます。

「火事場の馬鹿力記憶術」を、ビジネスパーソンが仕事に応用するとどうなるのか？　多くの仕事には、「締め切り」や「納期」というものがあるはずです。そうした、「締め切り」や「納期」を必ず守るようにすれば、「火事場の馬鹿力」が自然に発揮されて、仕事力、記憶力が高まります。

私の場合、「原稿の締め切り」というものがありますが、締め切りは必ず守る著者として知られています。著者の中には、締め切り間近になると、毎回必ず「1週間待ってください」と言ってくる方もいるそうです。しかし、「原稿の締め切り」を守らないと、「火事場の馬鹿力」は発揮されません。

「9月1日締め切り」になっていても、「間に合わなければ、1週間くらい締め切りを延ばしてもらえばいいや」と最初から思っていたとするならば、切羽詰まった状態になりませんから、ノルアドレナリンが分泌されないのです。

結果として、締め切りも守らず、効率も上がらず、ダラダラ仕事をすることになってしまいます。「9月1日には必ず提出する。締め切りは必ず守る」と決めていれば、夏休み終了1日前の子供たちと同じように、物凄いパフォーマンスを発揮することができます。

【感情操作記憶術③】

タイマーを使うだけで仕事力がアップする
～「制限時間記憶術」

★自分で締め切りを作ってほど良いプレッシャーをかける

「火事場の馬鹿力記憶術」とはいっても、「締め切りのある仕事」がそうしょっちゅう入るわけではないという人もいるでしょう。そんなときは、**普段の仕事でも自分で締め切りを決めて時間を制限する**だけで、軽い緊張状態を作り出すことができます。

「この書類作成を1時間で終わらせる！」とあえて決めて取り組めば、ノルアドレナリンが分泌して、集中力もアップし、普段以上の仕事効率を発揮することができます。

また、時間制限をするとゲームのような感覚になり、やっていて楽しくなってきます。

このように明確な目標設定をすることでドーパミンも分泌されるので、ドーパミンによる集中力アップ効果、記憶力増強効果も得られます。

残業をする場合も、「この仕事が終わったら帰ろう」ではなく、「この仕事は9時までに終わらせて、9時には必ず帰る」と決めます。それだけでも仕事効率がアップして、ダラダラやれば10時までかかっていたものが9時までには終えることができ、早々に帰ることもできます。

仕事をするときも、何かを記憶するときも、時間制限をしたほうがいいのです。

時間制限をするとき、私はスマホのタイマー・アプリを使います。「10分で終わらせる！」と決めたら10分のタイマーをセットしてカウントダウンする。たったそれだけで、本当にゲーム感覚になり楽しく仕事をこなすことができます。

また、「TO DOリスト」を書く場合も、それぞれの項目ごとに30分、60分などと制限時間を書き込むか、または「13時まで」のように終了時間を書き込むようにしています。

とにかく、終了時間、制限時間を決めないと、ダラダラと仕事をすることになってしまうのです。

★「火事場の馬鹿力」を酷使するとうつ病になる!?

ノルアドレナリンが分泌されると、記憶力が高まります。同時に、集中力、注意力も高まり、学習効率や仕事効率もアップします。

「火事場の馬鹿力」の元ともいえるノルアドレナリン。これだけの効果があるとすれば、毎日でもノルアドレナリンのパワーに頼りたくなりますが、注意が必要です。毎日、毎週、締め切りに追われて、のんびりできる暇が全くない。軽度とはいえないストレスが何週間も続いている。そんな状態が続くと、「うつ病」になりかねません。

「うつ病」は脳科学的にいうと、ノルアドレナリンが足りなくなった状態です。私たちにストレスがかかったときに分泌される「緊急援助物質」であるノルアドレナリン。これを毎日使い続けると、ノルアドレナリンが枯渇してしまうのです。これが、「うつ病」の状態です。

私も原稿の締め切り前の1週間などは、缶詰状態にもなります。しかし、原稿を書き終えた後は、1〜2週間くらいは休養期間をとり、旅行に行って気分転換をしたりするようにしています。

緩急をつけて仕事をすることで、仕事は最もはかどるのです。

【感情操作記憶術④】

ストレスは記憶の大敵！〜「ストレスフリー記憶術」

★ストレスがかかりすぎると脳のほとんどの機能は低下する

ごく短期間のストレスは、気つけ薬のような緊張効果によって、さまざまな脳機能の向上をもたらしてくれます。しかし、ストレスが長期化すると、脳に対して悪影響を及ぼします。

ストレスがかかりすぎると、短期記憶と長期記憶が低下し、さらに集中力や学習能力も低下するのです。

つまり、過度のストレスは脳のほとんどの機能を低下させるということです。

では、なぜストレスがかかると、記憶力や学習能力が低下するのでしょう？

ストレスが継続すると、副腎皮質からコルチゾールというストレスホルモンが分泌されます。また、記憶の仮保存所であり、「短期記憶」を「長期記憶」に置き換える、記憶のコントロールセンターともいうべき「海馬」には、コルチゾールの受容体がたくさん存在します。脳の他の部位よりもはるかにたくさんのコルチゾール受容体が存在するために、海馬はストレスに非常に弱いのです。

コルチゾールは記憶を貯蔵するニューロンのネットワークを分断するとともに、海馬でのニューロン新生をストップします。

ストレスによってコルチゾールが増えすぎた結果として、短期記憶、長期記憶、さらに新規の学習機能までもが、障害されるのです。

うつ病の患者さんに、時に「記憶障害」が認められることがあります。うつがひどくて仕事を休んでいたときのエピソードや、入院したときの様子などを病気が治ってから質問しても「全く覚えていない」ということがあるのです。コルチゾールの海馬への悪影響が、そうした重度の記憶障害を引き起こすこともあり得るということです。

★ストレスは脳細胞を破壊する！

期間限定の軽度のストレスは記憶に対してプラスの作用をもたらしますが、ストレスが慢性化し、長期化すると、記憶に対して著しい悪影響を及ぼします。さらに、ストレスの程度が大きくなり、長期化するとコルチゾールは海馬に対して深刻なダメージを与えます。

結論からいいますと、**ストレスがかかると海馬の細胞が死んでしまう**のです。

これは、ＰＴＳＤ（心的外傷後ストレス障害）を対象にした多くの研究で示されています。

東日本大震災前から仙台市内に住む大学生37人の海馬の大きさを、震災前と震災1年後で比較した研究があります。その研究によると、右側の海馬の体積が、約5％小さくなっていることがわかりました。震災によるストレスが、海馬の神経細胞死を引き起こしたと考えられます。

アメリカでのベトナム戦争帰還兵を調べた研究でも、海馬に極端な萎縮が認められ、戦場でのストレスの影響だと考えられました。あるいは、幼児期に虐待された経験のある人を調べた研究でも、やはり同様に海馬の萎縮が認められました。

このように長期的なストレスは、海馬の細胞を殺し、海馬の萎縮をもたらすのです。

これらは極端なケースではあるものの、日常的なストレス、職場のストレスなどでも、コルチゾールは上昇します。

日頃からストレスをためない生活をすること、ストレスを上手に発散することが、記憶力や学習能力を高めるために、最低限、やっておかなくてはいけないことなのです。

【感情操作記憶術⑤】

記憶はマンネリを嫌う〜「好奇心記憶術」

★進化から考えても、好奇心・探求心のままに活動するのは正しい

あなたは昼休みに外食する場合、「いつもの店で、いつもの定食を食べる」のと「新しい店ができていたら、とりあえず入ってみる」のどちらのパターンでしょうか？

新しい店を見つけたら入ってみるチャレンジ精神を持った人のほうが、記憶力がいいといえます。

私は自分の行動範囲内に新しい店を見つけたら、すぐに行かないと気がすまないタイプです。家の近くに新店ができたという情報を得たなら、だいたい1週間以内には行きます。「なぜ？」と言われても困りますが、好奇心が私を動かすのでしょう。

実は「好奇心」は記憶力増強、「マンネリ」は記憶力低下につながります。記憶力と密接に結びついている感情が「好奇心」なのです。

ではなぜ、「好奇心」は記憶力増強効果をもたらすのでしょうか？

例えば、ランチを食べるときに、今まで行ったことのない店に入る。あるいは、いつもの店でも一度も食べたことのないメニューに挑戦する。そんなときには、海馬からシータ

波という波が出ています。海馬からシータ波が出ると、記憶力が亢進《こうしん》します。記憶について、海馬がベストのパフォーマンスを発揮してくれる、そんな周波数がシータ波です。

普段から好奇心、探求心のある生活をしていると、海馬からシータ波が出やすくなり、記憶力が高まるというわけです。

生物が自分の縄張りから出てはじめての場所に行ってしまった場合、あるいは、はじめて見る外敵と遭遇した場合、今後同様の危険を避けるために、その新しい場所や状況を明瞭に記憶しておかなくてはいけません。人間に限らず、生物は全て「新しい場面は普段以上に明瞭に記憶する」ことをしないと、敵に殺されてしまいます。

つまり進化上の特性として、**私たちの脳は、「新しい場面」は、より記憶しやすいという特性を持っている**のです。

普段から新しいことにチャレンジしていく。自分の好奇心を信じて、好奇心のままに活動してみる。それが、記憶力を高める重要な生活習慣といえるのです。

【感情操作記憶術⑥】
場所を移動するだけで、海馬は活性化する
〜「カフェ仕事記憶術」

★ノーベル賞の発見を仕事に活かす

午前中はずっと執筆。14時頃にランチに出て、そのまま2時間ほど執筆。さらに、別のカフェに移動して数時間執筆……。これが私の執筆スタイルです。

普通なら3時間も集中すれば疲れて書けなくなってしまう「執筆」仕事も、場所を変えながら仕事をすることで、集中力をリセットして、結果として何時間も続けて執筆することが可能になります。

あるいはカフェに行くと、学生が教科書や問題集を開いて勉強している姿を必ず見かけますが、実はカフェで勉強するだけで、記憶力を高めることができるのです。

カフェに行くと仕事がはかどる。カフェに行くと記憶力が高まる。それは、**場所の移動が、海馬を活性化する**からです。

海馬とは、脳の中で、「記憶」「学習」「情報処理」と深く関わりのある部分です。**海馬には、「場所細胞」というものがあって、場所を移動するだけで、この「場所細胞」が刺**

激され、シータ波を発生させるのです。シータ波は、先ほどご説明した通り、記憶力が亢進する周波数です。

つまり、**場所を移動するだけで、海馬を活性化し、記憶力をアップさせ、学習効率、仕事効率を高めることができるということです。**

この素晴らしい発見は非常に画期的で、「場所細胞」を発見したジョン・オキーフ博士とその共同研究者は、2014年度のノーベル生理学・医学賞を受賞しています。

★缶コーヒーを買いに行くだけで記憶力は高まる!?

私のように、カフェなどをはしごして「仕事する場所を変える」というのが「場所細胞」の刺激には一番いいのですが、会社で机に向かって仕事をしているビジネスパーソンはなかなかそうはいきません。

そんなときは、自分の机を離れて、休憩室の自動販売機まで行って缶コーヒーを買って帰ってくるだけでも「場所細胞」が刺激されます。

空いている会議室に移動してデスクワークをする。移動するときにエレベーターではなく階段を使ってみる。部屋の中をぐるぐる歩き回るということでも効果があります。トイレに行く、というのでもいいでしょう。

こんな、ちょっとした場所の移動だけでも、海馬を活性化することができます。

ただし、「場所細胞」は、場所を変えるだけでも刺激されますが、入力される情報量が多ければ多いほどより刺激が強まります。したがって、「屋内」よりは「屋外」を歩いたほうがいいとされています。さらに、行ったことのない場所、はじめての場所に行くとより効果的でしょう。

先に述べた、新しくオープンしたレストランでランチをするというのは、「好奇心」という視点に加えて、「場所細胞」の観点から見ても、海馬を活性化するとっておきの方法といえます。

あるいは、「旅行」は、物凄い刺激になります。見たことのない風景を連続して目にすることができるからです。

海馬が嫌うのは「マンネリ」です。

同じ場所で、同じような仕事を長時間こなすのは、記憶効率、学習効率、仕事効率を大きく低下させるので、注意が必要です。

【感情操作記憶術⑦】

「楽しむ」と記憶は楽になる～「楽々記憶術」

★「楽しい」という感情が記憶力を増強させる

「勉強ができない人」の最大の原因は何だと思いますか？　「頭が悪い」「記憶力が悪い」「暗記力が悪い」……。これらは、全くの間違いです。

少なくともＩＱは、生まれた後でも、20歳を超えてからでも伸ばすことができますから、「自分は生まれつき頭が悪いから勉強できない」というのは、単なる都合のいい「言い訳」にすぎません。実は「勉強ができない人」の最大の原因は、「勉強が嫌い」なことです。

「それって、因果関係が逆じゃないの？」と思った人もいるでしょう。勉強ができないから、勉強が嫌いになるのだと。それも違います。

イヤイヤ勉強すると、記憶に残らない。楽しく勉強すると、それだけで記憶に残るのです。「勉強ができない人」は、イヤイヤ勉強をやっている。それが原因で、いくら勉強しても記憶に残らず、いくら頑張っても成績が伸びないのです。

『もの忘れの脳科学　最新の認知心理学が解き明かす記憶のふしぎ』（苧阪満里子著、講談社）で、文章を読みながら単語を記憶していく「リーディングスパンテスト」を用いたこんな実験が紹介されています。「ポジティブな文」と「ネガティブな文」と「どちらでもない文」を読み、その中に含まれる単語を覚えてもらいます。時間をおいてそれぞれの文に含まれる単語をどれくらい覚えているか調べたところ、「ポジティブな文」に含まれている単語が一番記憶に残っていたのです。ポジティブな文は、「楽しい」気持ちを惹起《じゃっき》します。この**「楽しい」という感情が、実は記憶力を増強しているの**です。

私たちが「楽しい」と思うと、ドーパミンが分泌されます。繰り返しになりますが、ドーパミンには記憶力増強作用があります。一方で私たちが「苦しい」「辛い」と思うと、ストレスホルモンであるコルチゾールが分泌されます。ごく少量のコルチゾールには記憶力増強作用があるのですが、毎日のように「苦しい」「辛い」が続くと、海馬に対して悪影響を発揮して、記憶力を低下させてしまいます。

今ここに、同じIQの人が2人いるとします。Aさんは、勉強が大好きです。Bさんは、勉強が大嫌いです。さて、この2人に、50個の単語を暗記してもらいます。どちらが好成績をとるでしょうか？

Aさんは、勉強が大好きですから、単語の暗記も楽しみながら行います。

Bさんは、勉強が大嫌いですから、単語の暗記が苦痛でしようがありません。

どちらが好成績を出すのか、もう、おわかりですね。

記憶に関していえば、「頭が良い」かどうかよりも、「楽しく」やるかどうかのほうが何倍も重要なのです。ですから、勉強をする場合、イヤイヤ取り組んではいけません。「楽しく」取り組むだけで、ドーパミンが私たちを応援してくれて、記憶力をアップさせてくれるのです。

「頭を良くする」ことは可能ですが、一朝一夕には難しい。しかし、「楽しく」取り組むことは、今日からでもできるかもしれません。

★「勉強嫌い」を「勉強好き」に変える方法

楽しく勉強するには、先述した「タイマー記憶術」や「対戦成績記憶術」のような勉強法を取り入れて、勉強をゲーム化するという方法があります。

あるいは、誰でも「得意科目」と「苦手科目」があります。一見すると得意科目の80点を90点にするよりも、苦手科目の50点を70点にするほうが簡単なので、学校の先生も予備校の講師も、「短所克服」の戦略を勧めるはずです。しかし、「勉強が嫌い」な人に苦手な科目ばかりやらせると、余計に勉強が嫌いになってしまいます。

勉強好きの人は「短所克服」から入るべきですが、勉強嫌いの人は「長所伸展」から入ったほうがいいのです。まず得意科目に取り組み、「勉強のおもしろさ」を体感すべきです。勉強嫌いの人でも、得意科目をやっているときは、それほど苦にはならないはず。そこで自信をつけ、「勉強っておもしろい！」「苦手な科目も挑戦してみよう！」と思えるようになれば、しめたものです。

「イヤイヤ」が「楽しい」に変わると、ドーパミンが出始めます。そうすると、記憶力がバーンとアップしますので、勉強の結果もおもしろいようにアップするはずです。

勉強は楽しくやりましょう！　楽しく取り組むだけで、記憶力は大幅にアップして、ますます勉強が楽しくなる。楽しみながら、記憶力と成績がアップする、上昇スパイラルに入ることは間違いないでしょう。

「楽しく」取り組むだけで、「楽」に記憶できる。これが「楽々記憶術」です。

不幸な記憶を消去して、幸福の記憶を上書きする
〜「植えつけ記憶術」

★記憶は操作できる!? 映画『インセプション』の衝撃

レオナルド・ディカプリオ主演の映画『インセプション』を見たとき、強烈な衝撃を受けました。人の夢に侵入して、「記憶を植えつける」というストーリーです。ＳＦ的なフ

イクションなのですが、記憶の植えつけは、まんざら不可能ではありません。

言い換えると、**私たちは日常的に自分にとって都合のいい記憶を自分で選択し、自分で記憶を塗り替えている**ともいえます。

例えば学生時代の同級生。いじめられた側はいじめられたことを一生忘れませんが、いじめた側はすぐに忘れてしまいます。その反対に、幼少期に受けた家庭内暴力の体験を大人になって全く覚えていない、ということもあります。このように私たちの「記憶」は、都合良く加工されているのです。

私たちは、自分の「記憶」を自分で選ぶことができる。記憶を上書きしたり、削除したりするのも自由自在なのです。

自分の思い出が「楽しい」思い出でいっぱいになれば、それは楽しく幸せな人生であり、「苦しい」「辛い」思い出でいっぱいになれば、それは不幸な人生になってしまいます。

たとえ全く同じ人生を送っていたとしても、どの体験を記憶に残すかによって、幸せになる人もいるし、不幸せになる人もいるのです。

重要なのは、私たちは自分の記憶を自分で選べる、つまり、自分の人生を自分で選べるということ。あなたは「幸福な人生」と「不幸な人生」のどちらを選びますか？　本章の最後に、自分で記憶を書き換える「植えつけ記憶術」をお伝えします。

★「幸福な人生」と「不幸な人生」あなたが選ぶのはどっち？

「幸福な人生」と「不幸な人生」の二者択一。「不幸な人生」を選ぶ人はいないはずですが、無意識のうちに「不幸な人生」を選んでしまっている人がいます。誤解を恐れずにいうと、それは精神科の患者さんたちです。

精神科の患者さんは、知らず知らずのうちに、「苦しい」「辛い」体験の植えつけを自分自身でしています。過去を振り返れば「嫌な思い出」だらけ。楽しいことは全く思い出せない。とするならば、それは病気にもなってしまうでしょう。

患者さんが2週間ぶりに外来に来ると、ここ2週間の「調子が悪かったこと」「苦しかったこと」「辛い症状のこと」を、とにかく必死に話します。患者さんの苦しいところ、辛いところに真摯に耳を傾ける医者が名医、と多くの人は考えるようですが、それは間違いです。

患者さんの苦しい告白だけで診察を終えてしまうと、それは「苦しい体験」をますます自分に植えつけているのと同じことです。患者さんの話を一生懸命になって聞くことで、逆に病状を悪化させる可能性すらあるのです。

私も、診察ではまずは患者さんの辛いところを聞きます。しかし、その話はほどほどにして、ここ2週間で「調子の良かったこと」「できるようになったこと」「以前と比べて改善している点」を聞いていきます。そして、「楽しかったこと」についても自由に話してもらいます。最後には、こう締めくくります。**「少しずつ症状は改善して、良くなっているようですね」**。

患者さんの苦しい体験を聞き出し言語化する。「言語化」は記憶の強化につながる、ということは既に説明しました。ですから、患者さんの「辛い話」をひたすら傾聴するだけだと、「私は具合が悪い」「私は調子が悪い」「私の病気はちっとも改善していない」ということを、植えつけることになりかねないのです。

ですから、患者さんの苦しい体験を聞いたら、それ以上に楽しい体験について聞き出すようにします。そうすると「私は具合が良くなっている」「今週は、辛い症状が意外と出ていなかった」「私の病気は少しずつ治っている」という印象を強くした状態で、笑顔とともに診察室を後にできるのです。

★失恋話を友人にしても傷は癒えない本当の理由

私はいつもカフェで仕事をしていますが、そこではいろいろな人の話が耳に入ってきます。よくあるのは、女性の失恋話です。彼氏から突然、別れ話を切り出され失意のどん底にいる女性。その話を聞いてあげる友人。2時間近くもずっと同じ話をし続けるわけですが、当然、結論が出るはずもありません。

相談者の女性はスッキリとした表情で店を後にしました。これで彼女のストレスがきれいサッパリ消え去ればいいのですが、おそらく彼女は次の日、今度は別の友人に同じ話をするでしょう。

「苦しい体験」を話すと、精神的に楽になる。ストレス発散になる。多くの人はこのように思っているはずです。失恋の体験を友人に話すと心が楽になり、心の傷も癒やされるはずだと。残念ですが、それは間違いなのです。

今日は、Aさんに失恋話を話す。

3日後は、Bさんに同じ失恋話を話す。

来週には、またまたCさんに失恋話をします。

「137記憶術」を思い出してください。1週間以内に3回復習すると記憶に残る、というものでしたね。**「失恋の話を友達にする」というのは、「復習」そのものです。**彼女の場合、まさに「137記憶術」のタイミングで友達に話すわけですから、完全に、ありありと、生々しく、長期にわたって失恋の思い出が記憶されるでしょう。そうするとその失恋の悲しみは、そう簡単に忘れることはできなくなってしまいます。

女性の場合、おしゃべり好きな人が多いので、相手が変わるたびに同じ話であっても何度も繰り返す傾向があります。本人は「ストレス発散」のつもりでしょうが、全く逆効果です。

自分の心の傷にナイフを刺し、それをえぐり、ふさがり始めた傷をかき回すのと同じです。ストレス発散とは全く逆。**「悲しみ体験の植えつけ」**を自分で行っているのです。

★ストレス発散は1回で終わらせる「1回法」の凄い効果

「苦しい体験」の告白は、ストレス発散にならない。じゃあ、どうすればいいのでしょう。

失恋の体験、仕事上の失敗など、人に話してストレス発散したい場面というのは、日常生活の中でたくさんあるはずです。その場合は、「1回だけ話して、後は忘れる」ようにしてください。

今日、仕事でこっぴどい失敗をした。とするならば、同僚と飲みに行って、その話を徹底して吐き出し発散する。それで、その体験はきれいサッパリ忘れてしまいましょう。翌日、その話を蒸し返すのは、絶対にやめる。1回の飲み会で、ストレス発散は終了しているのです。

「忘れる」ために「お酒」の力を借りるのも理にかなっています。「お酒」というのは、記憶力を低下させますので、付き合い方には注意が必要です。しかし、**「嫌な体験」を話**

すときには、お酒が入っていることで「記憶の減弱効果」が得られます。わかりやすくいうと、徹底して話しても、お酒によって強烈に記憶されるリスクを減らせるということです。

お酒の力も借りながら、「嫌な体験」を1回だけ話して、きれいサッパリ忘れる。1回だけ話して、すっかり忘れる。これを私は、「1回法」と呼んでいます。これは効果絶大ですが、普段から「1回で忘れる」を習慣にしていないと、本当の効果は得られません。

★SNSを使って「幸せ」になる方法とは？

嫌な思い出をきれいサッパリ忘れる方法についてお伝えしましたが、「楽しい記憶」を植えつける、そんな凄い方法はあるのでしょうか。

それは、今日あった、楽しい出来事をSNSに投稿することです！　あなたもXやインスタグラムをやっているのであれば、既に実践しているかもしれません。友達との楽しい飲み会。おいしい食べ物の写真。旅行先での美しい風景……。物凄い感動体験でなくても、「プチ楽しい」体験で十分です。

SNSで他人の「楽しい投稿」「幸せ投稿」を見ると、腹が立つ。とても嫌な気分になる、という人も多いようです。成功している人、ハッピーな人の投稿を見た場合、「おめでとう。良かったね」とリアクションする人と、「うらやましい」「悔しい」「腹が立つ」と「ひがみ」「羨望」「嫉妬」モードのリアクションをする人に分けられます。

自分より幸せな人、自分より成功している人、自分より収入の多い人、自分よりうまくいっている人は、おそらく日本人だけで何千万人もいるでしょう。そうした人と出会うたびに、そうした人の投稿を見るたびに、「うらやましい」「悔しい」「腹が立つ」と思っていたら、これからの人生、何万回そんなネガティブな感情に支配されることでしょう。

「おめでとう。良かったね」と言える人は、そうした人たちに対してリスペクトの念を持っています。つまり、「うまくいっている人」を真似《まね》たり、そこから学んだりしようという発想が自然とわいてくる。結果として、無意識にモデリングして自分も「うまくいっている人」にドンドン、近づくのです。

「ひがみ」「羨望」「嫉妬」モードの人は、相手に対して精神的にブロックがかかっているので、そこから学ぼうという気持ちがわき上がるはずもなく、そうした人をひきずり下ろすほうに不毛なエネルギーを費やします。ネット上への悪口の書き込みがそうです。そうした行為が「成長」につながるはずがありませんから、いつまでも今の状況から抜け出すことはできないでしょう。

誹謗《ひぼう》、中傷、不満、悪口投稿が大好きな人は、そういう投稿を毎日のようにすることで、

「ネガティブ」コレクターとしての才能を伸ばしているはずです。とにかくネガティブなことばかりが目につくようになる。他人の不幸に注意を集中させると、結果として自分の不幸探しの名人になってしまうのです。


最近、１週間のうちで楽しい出来事が５個、辛い出来事が５個ありました。

あなたにとって、それは幸せな１週間だったでしょうか？

楽しい出来事５個に注目する人は、「物凄く幸せな１週間」と感じるでしょう。

辛い出来事５個に注目する人は、「物凄く不幸せな１週間」と感じるでしょう。

１日１回、「楽しい」ことを投稿する人は、「楽しい」探しの名人になって、人生が楽しくなります。１日１回、「誹謗、中傷、不満、悪口」を投稿する人は、「苦しい」探しの名人になり、「俺の人生は、なんでこんなに辛いことばかりなんだ」と思うようになります。

今日あった、楽しい出来事をＳＮＳに投稿するだけで、自分自身にポジティブな記憶を植えつけることができます。それを習慣化することによって、考え方や行動までもがポジティブに変わっていくのです。

誰にとってもＳＮＳは同じシステムですが、何を投稿するかによって、そこから得られる結果は１８０度変わってきます。次章では、さらにあなたの人生を変えるポジティブな

ＳＮＳの使い方について説明していきます。

第5章

無限の記憶を獲得する
～精神科医の「ソーシャル記憶術」

「脳内記憶」にこだわらないで記憶力を無限にする 〜「記憶外化戦略」&「ソーシャル記憶術」

★ネット上の情報を脳内にある情報と同様に活用する

士郎正宗による漫画原作を映画化した、押井守監督の『GHOST IN THE SHELL／攻殻機動隊』という映画があります。近未来の世界で、電脳化した人間は首の後ろに「プラグ」を持ち、そこから直接ネットワークに接続、膨大な情報をタイムラグなく処理する。つまりネット上の情報を、あたかも自分の脳内の情報と全く同じように扱うことができるのです。

この映画を見て、「凄《すご》い！」と思いました。なにしろ、映画が公開されたのが１９９５年。「ウィンドウズ95」が発売された、パソコン普及元年ともいえる年です。さらに、原作が発表されたのは１９８９年。インターネットがまだ一般的ではなかった時代にこの設定ですから、本当に驚かされました。

それから約30年たった現在、驚くべきことに『攻殻機動隊』の世界は、ほぼ現実化しているといっていいでしょう。私たちは、「スマホ」という「プラグ」を持ち、電車に乗っていても、歩きながらでも、トイレに入っていても、24時間、インターネット情報にアクセス可能になっているからです。

脳が直接プラグでつながっていないだけで、インターネット上の情報にいつでもアクセスして、自分の脳内にある情報のように自由に扱うことができる。この点において、ほぼ『攻殻機動隊』の世界が実現しているのです。

ネット上の情報を自分の脳内にある情報のように活用できるとするならば、私たちの「記憶力」は、事実上、無限になります。そんな電脳記憶の活用法を、この第5章では「記憶外化《がいか》戦略」と「ソーシャル記憶術」を軸としてお伝えしていきます。

★「記憶している」とは「想起できる」こと

「私たちは情報の99％を忘れる」と先に書きましたが、きっかけさえあれば、多くの出来事を思い出すことができます。

古いアルバムを開いて何十年も前の写真を見返してみましょう。「この写真は、高校1年の夏休みにとった写真だ！」とすぐに思い出すはずです。

人間の記憶というのは、「想起」（思い出すこと）は障害されやすいのですが、「記憶そのもの」は、脳の奥底に、かなり長期にわたってしっかりと保持されているのです。

記憶を想起する「きっかけ」、つまり「記憶の索引」さえあれば、簡単に想起することができます。アルバムの写真、あるいは以前に書いた本の感想、メモやノートというのは、格好の「記憶の索引」となります。

記憶には3つのプロセスがあります。**「記銘（コード化）」「保持（貯蔵）」「想起（検索）」の3つです。わかりやすくいうと、「暗記する、記憶する」「覚え続ける」「思い出す」の3ステップ。**

記憶というのは、「思い出す」ことが重要です。「思い出せる」ことが、つまり「記憶している」ことを意味します。いくら、「記銘」「保持」されていても、試験などの肝心な場面で「想起」できなければ、「覚えている」「記憶している」とはいえません。

1年前に読んだ本の内容は、とっさには答えられないかもしれません。しかし、以前自分が書いた「感想」に目を通して、すぐに詳細を思い出すことができるのなら、それは「記憶している」ことと実質的に同じではないでしょうか。

もし、一瞬で想起できるのであれば、情報を「脳内」に保存していても、「脳外」に保存していても同じです。瞬時に情報を検索し、想起できる状況があれば、「脳外」に記憶しようが、「脳内」に記憶しようが、実際的には何も変わらないのです。

スマホやパソコンなどインターネット環境さえあれば、ものの15秒か30秒で「検索」機能を使って、さまざまな情報にアクセスすることが可能です。

現代の私たちの脳は、ネットに接続されているのも同じです。そんな状況において、膨大な時間と努力を費やして記憶する、すなわち「脳の中に情報を保存する」ことにどれだけの意味があるでしょう。

試験やテストなど、カンニング禁止の特別な状況をのぞき、ほとんど全てのビジネスシーンにおいて、「脳外」記憶で困ることはないのです。

脳に記憶する時代は終わった。「記憶」するより、「記録」する！

SNSやインターネット上に記録する。それを、自分自身の記憶のように活用する時代が来たのです。従来の「脳内記憶」にこだわっている人は、間違いなく時代に取り残されます。次の項目からは、自分の脳内記憶に頼らずに、記憶を「外化」する5つの戦略について説明します。

【記憶外化戦略①】
自分の「気づき」は、最優先で記録しろ！

★ 検索できるものを記憶するのは、時間と労力の無駄

「わからないことは、Googleで検索すれば何でもわかる」と言う人がいますが、それは

完全に間違いです。Googleで検索しても、絶対に検索結果に出てこないものがあります。**それは、あなたの「体験」と、そこから得られた「気づき」です。**

あなたが本を読んだだけで何もしていないのに、あなたの感想文がネット上にアップされていたとしたら、そんな怖いことはありません。ある本に関して、その本のおおまかな内容、要約、目次などは、ネットで見ることができます。しかし、その本を読んだあなたの「感想」、あなたの「気づき」は、あなたがそれを書かない限り、絶対にネット上には載らないのです。

ほとんど何でも検索すればわかる時代です。本に書かれている内容や、年号や統計の数値など、「情報」そのものを記憶しておく必要はありません。**しかし、あなたの「感想」や「気づき」は記録しておかないと、3ヶ月後、半年後、あるいは1年後には、あなたの記憶から失われてしまうのです。**

ネット上に何を書けばいいのかわからないと迷う人は多いはずです。他の人がネットに上げられないこと、つまりあなたの体験、経験やそこから得られた「気づき」を書けば良いのです。それはあなたにしか書けない唯一無二のコンテンツであり、検索しても調べられないものだからです。

このように「気づき」を記録することで、爆発的な自己成長が引き起こされます。逆に、こうした「気づき」を忘れてしまっては、どんなに素晴らしい本を読んでも、どんなに凄い体験をしても、全く自己成長にはつながらないのです。

「記憶力」「記憶術」という言葉を耳にしたとき、多くの人は教科書や参考書をどう記憶するか、いかに暗記するかをイメージするでしょう。しかし、カンニングOKの社会人の場合は、そんな記憶術は必要ないといっても過言ではありません。

重要なのは、自分だけの体験、自分だけの気づきをどれだけ記憶し、自分の成長の肥やしにし、自分の血や肉にできるのか、ということ。

あなたの「記憶力」は、その部分に徹底して動員するべきであり、そのためには、体験、経験、気づきの「外化」を進めることです。一瞬で検索できる一般的な内容を記憶するのは、時間と脳のスペックの、計り知れない無駄遣いといえるのです。

【記憶外化戦略②】

「記録」するだけで「記憶」はよみがえる

★「気づき」を1年後に100%覚えている方法

「記憶」というのは、とてもあいまいです。あなたは、この本を読んで、1ヶ月後にどれほど内容を覚えているでしょうか？　あるいは、半年後、1年後にどれだけ覚えている自信がありますか？　おそらく、読んだ直後の気づきの90％以上は失われているはずです。何時間もかけて本を読んで、その90％以上が失われる。なんと、効率の悪い勉強法でしょう。

しかし、本を読んで得られた気づきを100％、記憶し続ける方法があります。入力したことの99％を忘れるのが人間の脳の仕組み。それを100％記憶するというのは、不可能に思えます。

しかし、それは不可能ではありません。また、その方法は極めて簡単です。

一言でいえば、「記録」するだけです。

本を読みながら、アンダーラインを引きながら、余白に書き込みしながら、何かに気づくたびに全てをメモしていく。あるいは本を読み終わった直後、ノートに「殴り書き」をして、あなたが得た気づきや感想、ひらめきを全て書き出す。そして最後に、それを文章にまとめるのです。ここまでやれば、本から得たあなたの主要な気づきが100％盛り込まれた「感想」が書けるはずです。

さて、1年たって、この本の内容を思い出してみましょう。おそらくは、瞬時には思い出せないはずです。しかし、自分で書いた「感想」を読み直せば、あっという間に、本を読んだ当時の記憶がよみがえります。きちんと文章化されているわけですから、本から得たさまざまな気づきを、簡単に思い出すことができるのです。

1年前の自分の感想文を読んで「俺は、こんな本を読んだ覚えもないし、こんな文章を書いた覚えはない！」という人はいないでしょう。

【記憶外化戦略③】

考えや気づきをドンドン「外化」するとドンドン記憶に残る

★永久にあなたの記憶に残す方法

自分の「体験」「気づき」「考え」を、頭の中ではない、自分の外側に記録する。

これを一言で表現できる言葉がないかと探してみたところ、「メタ認知」の用語で「**外化**」という言葉があることを知りました。

「外化」とは、自分の中にある考えやアイデアを、文章、言葉、図やイラストなどを通して外部に表現すること、と定義されています。

メタ認知とは、「認知を認知する」、すなわち自分の認知活動自体を認知することです。

自分が何を考えているかを客観的に見る能力を「メタ認知能力」といいます。メタ認知能力は、問題解決や課題達成を自分自身の力で行うために重要となる能力です。

自分自身を認知するためにはどうすればいいのか、ということで必要となるのが「外化」なのです。

自分の頭の中の考えを、一旦外に出して記録、表現することで、それを自分で客観的に見つめ直すことができるようになります。

自分の考え、アイデア、気づき、思いつきをドンドン、メモしよう。本を読んだり、映画を見たり、旅行に行ったりしたら感想を書こう。自分の体験を記録しよう。それが「外化」です。

本書でいう「アウトプット」と似ていますが、「話す」のように記録に残らないアウトプットもあります。アウトプットして記録に残すことが「外化」ですから、「アウトプット」と「外化」は同じではありません。

本章のポイントを一言でいってしまうと、「外化すると記憶に残る」ということです。

★外化の計り知れない6つのメリット

外化を行うことで、どのようなメリットが得られるのでしょうか。

(1) 自分が何を考えているのかを、自分で客観的に把握することができる。

（2）自分の思考に対して、行動を変えることができる。
（3）自分自身の考えをフィードバックできるので、自己成長につながる。
（4）自分が何を考えているのか、他人に理解される。
（5）コミュニケーションが生まれ、他者との共感も生まれる。
（6）自分の考えを物理的に保管、保存できる。つまり、記憶に残る。

このように、外化を進めることによって、自己洞察が深まり自己成長するとともに、他人からも理解、共感される。さらに自分の考えや体験が記憶に深く刻まれる。いいことづくめです。

重要なのは、あなたがどんなに素晴らしい考えやアイデアを持っていたとしても、どれだけ豊かな経験や知識を持っていたとしても、「外化」しない、つまり、誰にも言わず、心の中にとどめている限りは誰もそれを理解できないし、あなたを評価もしないということです。

そして、どんなに素晴らしい考えも、どんなに貴重な体験も、頭の中にとどめておく限り、その記憶はドンドン劣化し、99%は忘れてしまいます。

逆に、**あなたの素晴らしい考えやアイデア、そしてオリジナリティのある経験や知識を**

外化することによって、あなたは自己成長を加速させながら、他の人から認められるようになるのです。

【記憶外化戦略④】SNSを第二の脳として活用する

★あらゆる質問に30秒で答えるのは可能!?

私は、YouTubeチャンネル「精神科医・樺沢紫苑の樺チャンネル」という番組をほぼ毎日更新しています。1回5分前後の動画ですが、毎日更新を10年以上続けて、既に600本以上の動画が上がっています。

その撮影現場に、観覧者を入れることがあります。話を聞いてくれる人がいると話しやすいからです。また、参加者に質問をしてもらって、その質問にその場で答える形式で撮影するためです。このYouTube撮影会の観覧に参加された方は、例外なく驚かれます。

なぜならば、観覧者が私に質問を投げかけると、いきなり動画の撮影をスタートするからです。動画は、基本リテイクなしの一発どり。わずか数秒で、5分の動画で何を話すのかを猛スピードで構築し、いきなり起承転結のある内容を話します。

たったの数秒でありとあらゆる質問に、何の準備もなく、いきなり答え出す。これを見た人は驚くようですが、種明かしをすると、実はそれほど凄いことをやっているわけではありません。

参加者にはいきなりその場で質問を出してもらいますが、今まで一度も聞いたことがないような質問が出てくることはまずありません。**質問、疑問、悩みにはパターンがあって、みなさん同じような悩みで苦しんでいるのです。**

私は今まで、25年以上インターネットで情報発信を続けていますが、メルマガだけで6000通以上発行し、Facebookにも毎日記事を書いています。ウェブサイトの記事なども合わせると、おそらく1万個以上の記事を書いているはずです。

つまり、1万個の異なる話題について書いている。ザックリいえば、1万個の質問には、答えられるわけです。それは脳内に1万個の「Q＆A」がデータベース化されているのと同じです。

★SNSを外付けハードディスクにする

参加者から質問が出たとき、私の頭の中では「その質問、どこかで聞いたことがあるぞ」と「検索」をかけています。すると、「以前のメルマガで書いたネタだ」「以前、出版した本で書いた話だ」と、たいてい脳内データベースの検索結果にひっかかってきます。

一度、文章としてまとめている話ですから、それを要約して5分で話すというのは、簡単な話です。既に、原稿はできているのです。

「1万個のデータベースを全て記憶しているなんて、どれだけ記憶力がいいんだ」と思う人もいるでしょうが、普段は全く意識していません。むしろ「忘れている」というのが正しいと思います。しかし、「参加者の質問」が「記憶の索引」となって、そこに紐《ひも》づけられていた「過去のコンテンツ」を引っ張り出してくれるのです。

そしてもう1つ重要なのは、それらのコンテンツは、全て文章としてウェブ上にアップされていることです。しかし、ウェブ上にあるものを私がパソコンで検索して、それを見直してから、動画撮影をするわけではありません。

不思議なことに、自分の書いた文章は3秒もあれば想起可能です。「3ヶ月前のメルマガで書いた内容」というところまで思い出した瞬間に、検索結果がパソコン上にパッと表示されるのと同様に、自分の頭の中にありありと浮かびます。

ウェブ上にあるコンテンツを一瞬で想起する。そんなことができるのは、「ウェブ上にコンテンツを上げている」からこそです。

「ウェブ上にコンテンツを上げる」だけで、なぜ記憶できるのか？　記憶に残るウェブコンテンツの書き方、上げ方を、以下、説明していきます。

ＳＮＳやメルマガに書いた過去のウェブコンテンツは、自分の脳と直接、接続された「外付けハードディスク」のように、ほぼ時間差なく快適に利用できるのです。つまり、ＳＮＳやインターネット上のコンテンツを、「第二の脳」として活用できるということです。

【記憶外化戦略⑤】

わからなければ、調べればいい

★社会人はもっとカンニングしていい！

高校受験や大学受験、あるいは中間テスト、期末テストなど、学生のときに受ける試験というのは、記憶力を頼りに、全て自分の力で解かなくてはいけません。試験中に教科書や資料を見てしまったら、それは「カンニング」ということで、厳しく罰せられます。

しかし、社会人になると、本や資料を一切見てはいけない、完全に自分の記憶だけで解決しないといけない場面というのは極めて少なくなります。社会人でも、昇進試験や資格試験などを受験する人もいるでしょうが、日常的な業務においては何を調べても、何を見てもいい。いわば「カンニング自由」が、社会人のルールです。

学生の頃は、「カンニングしたい！」という衝動にとらわれたのに、社会人になった途端に、それを忘れてしまいます。

「なんで業務マニュアル読んでないんだ！」

「こんな基本的なこと、本で調べておけよ！」

「昨日配った資料、全然読んでないじゃないか！」

「わからなければ、まずGoogleで検索しろよ！」

と、マニュアル、本や資料、ウェブサイトなどに目を通していないせいで、こっぴどく叱られたという経験は、誰でもあると思います。

人間というのは、わがままな生き物です。「参考書を見てはだめ」と禁止されると見たくなるのに、「どんな参考書も資料も調べていい」と言われると、途端に調べなくなるのです。

記憶力が悪くて学校の成績が悪かったとしても、全く気に病む必要などないのです。社会人にとっては、暗記力、記憶力など、ほとんど必要ない。わからなければ調べればいいのですから。

社会人は、「カンニング自由」！ この素晴らしい特権を、私たちはもっと活《い》かすべきではないでしょうか。

★突然のチャンスを確実につかむ方法〜「料理の鉄人理論」

「何を調べてもいい」「何を見てもいい」と言われても、ほとんどの人は何を参照すべきかわからず、Google検索窓にどのようなキーワードを打ち込むかでも、頭を悩ませます。

日頃からネットで調べる、あるいは読書する習慣のない人は、自分が欲しい情報がネット上のどこにあるのか、あるいはどの本の何ページに書かれているか、そもそもどの本に載っているのかを知りません。

ズバリ言ってしまうと、**人から頼まれてから、調べ始めるのでは遅すぎるのです。**

仕事のできる人は、常に準備ができているものです。では、どんな準備をしているのでしょう。それは、頭の中に、「キッチンスタジアム」を持っているということです。

『読書脳』でも書きましたが、「料理の鉄人理論」は、人が成功するかどうかは頭の良さや記憶力の良さよりも「キッチンスタジアムを構築しているかどうか」によって左右されるというものです。重要なノウハウなので、本書でも簡単に説明しておきましょう。

昔、「料理の鉄人」という番組がありました。キッチンスタジアムを舞台に、道場六三郎、陳建一などの料理の鉄人と挑戦者が、その日の「テーマ食材」を使った料理を作って対決する番組です。

キッチンスタジアムの後方を見ると、肉、魚介、野菜など見た目も鮮やかな最高の食材がズラーッと並んでいます。それも、一瞬でわかるように食材ごとにきちんと整理されて、美しく配列されているではないですか。調理開始のドラが鳴った瞬間、シェフたちは、自分の料理に必要な食材を1分もかけずに集め終わります。

例えばあなたは上司から急に「この書類、明日までにまとめてくれる人いないか？」と言われました。でもその書類をまとめるには、関連する資料や書籍を調べて読み込む必要があります。あなたならどうしますか？　上司に言われてから、必要な資料、情報を集めたり、足りない分は Amazon に注文したりしますか？　そんなことをしていては、明日の締め切りに間に合うはずがありません。

あなたの頭の中には、普段からキッチンスタジアムを作っておかなくてはいけません。仕事を依頼されてから情報収集しているようでは遅すぎるのです。

普段から、自分の仕事、専門性に関する大量の知識、情報を、自分の頭の中に整理しておき、いつでも取り出せるようにしておくのです。

★やりたい仕事があれば、万全の準備をしておく

以前、ある番組の睡眠時間に関する討論コーナーに出演しました。ある日突然、メールで出演しませんかという打診が来たのです。しかも、収録日は明後日だといいます。

翌日も、収録日も予定が詰まっていましたが、何とかスケジュールをこじあけて出演することにしました。結局、仕事が忙しく、討論のための準備時間は収録前日に3時間しかとれませんでした。3時間で討論相手の本を読み、どういう論拠で切り崩すか戦略を考え、議論になりそうな論点を20項目くらい洗い出して、Q＆A形式にまとめました。

さて、討論の結果はどうだったでしょう。私は「短時間睡眠は絶対だめ」という立場でしたが、結論をいいますと圧勝です（実際には僅差で勝つように編集されていましたが）。

さて、これだけ周到な準備を3時間で終了し、さらに討論にも圧勝できた理由は何だったのでしょうか？

それは日頃から、私が「睡眠」についてのキッチンスタジアムを頭の中に周到に構築していたからです。そうでなければ、討論番組にほぼ準備なしで出演することなどできません。ちなみに、私は急遽《きゅうきょ》出演できなくなったドクターの代役でした。対戦相手はもっと前から準備しているわけですから、普通なら無理して出演したとしても、こてんぱんにやられて大恥をかくだけでしょう。

私の場合は、精神科医として「睡眠」「うつ病」「自殺予防」「認知症」に関して、大学で研究し、論文を書いていたこともあります。この4領域に関しては、自分の専門領域として今でも本をたくさん読み、最新の論文にも目を通しています。現役の精神科医や脳科学者、その道の専門家と議論しても負けないレベルの知識を普段から準備しているのです。

今、本書を書けるのも、認知症の研究をしていた頃、記憶に関する膨大な本と論文を読んでいたからです。この4領域に関してはしっかりとしたキッチンスタジアムができあがっていますから、急なテレビ出演や原稿執筆にも対応できます。

そうした準備をしているからこそ、テレビに出演しても恥ずかしくないコメントができるし、逆にテレビの出演依頼を引き寄せることもできるのです。

自分がやりたい仕事があれば、来てから準備するのではなく、今すぐパーフェクトにそれをこなせるレベルに万全の準備をしておくべきです。

それが、「キッチンスタジアムを構築する」ということの真の意味です。

ＳＮＳを上手に活用して記憶、記録に残す
～「ソーシャル記憶術」

★ＳＮＳで記憶に残す

自分の体験、経験、気づき、アイデアなどを積極的に外化しようということですが、ノートやメモ帳など、紙に「書く」ことによる外化のノウハウについては、既に説明しました。
ここでは、インターネット、ＳＮＳを活用した「外化」の方法について考えてみたいと思います。

【ソーシャル記憶術①】

「日記」を書くだけで記憶力のトレーニングになる
～「日記記憶術」

★毎日楽してできる記憶トレーニング

ＳＮＳで多くの人が既にやっているとは思いますが、その日にあった出来事を日記として記録することが、記憶のトレーニングになるといわれています。

日記を書くということは、その日何があったのか、それについてどう感じ、どう考えたのか、その日1日を振り返り、思い出しながら書くことになります。これは「想起」のトレーニングとなり、脳を活性化させるのです。認知症予防のトレーニングとしても、「日記」は期待されています。

日記を書くというのは、「文章にして、整理してまとめる」、ということです。**「整理・まとめ」「言語化」「ストーリー化」が、記憶の定着の重要な促進剤になる**ことは、既にお話しした通りです。

SNS上に日記を書く、というのは人に見せることが前提ですから、メモや箇条書きのようなものではなく、短くてもある程度の文章としての体裁を持ったものを書くことになります。

つまり日記には、いつ、どこで、誰が、何をしたかということが盛り込まれるわけで、それはまさに「ストーリー化」そのものなのです。

今日1日、自分が体験したことは「エピソード記憶」として記憶されるわけですが、毎日の出来事の全てが「エピソード記憶」として残るわけではありません。自分で選択した印象深い出来事を文章としてまとめることで、その「エピソード」を復習することになり、記憶を強化します。もちろん、後で読み返したときにも、復習効果が得られます。

このように、日記を書くこと自体に記憶トレーニングの効果がある。**日記としてまとめられたエピソードは強烈に記憶に残り、もし忘れたとしても、読み返せば一瞬で思い出すことができます。**

★ポジティブな日記を書くだけで幸せになる！

さらに、日記にはもう1つ凄い効果があります。

アメリカのブリガムヤング大学の実験で、ポジティブな日記を書くだけで幸せになれる、という結果が出ているのです。

被験者をその日のポジティブな出来事のみを書くグループと、単純にその日の出来事を書くグループとに分け、4週間にわたって日記を書くように依頼します。するると、「単純にその日の出来事を書いたグループ」に比べ、「その日のポジティブな出来事のみを書いたグループ」は、幸福度と生活満足度が高いという結果が得られました。

ポジティブな内容を書いたほうが幸福度は高まりやすいわけですから、SNSの日記には、ポジティブなことを中心に書いたほうがいいのです。

自分の毎日には「楽しいこと」「おもしろいこと」は、そう滅多にないと思う人もいるかもしれませんが、ポジティブ日記を書き続けることで、日常の中に「楽しい」「おもしろい」ことを発見する感性が磨かれていきます。

★「2日前の日記を書く」と認知症予防になる!

認知症予防の方法としてよくあげられるものに、「2日前の日記を書く」というものがあります。

2日前、すなわち2回の睡眠を経て、海馬に一時保存された情報が非常に弱まり、忘れられつつある状態。

今日の出来事を思い出すのは簡単ですが、2日前の出来事を詳しく思い出すのは大変だからこそ、記憶のトレーニングになるのです。

2日前の日記を書き続けることは、毎日日記を書き続けることよりも難しいでしょう。しかし、SNSに日記を書くということは、「2日前の日記を書く」のとほぼ同等の効果が得られるはずです。

私もSNSに今日あった出来事を日記的に書くように心がけているものの、いろいろと忙しかったりすると、その日のうちに投稿できないこともあります。そうなると、2、3日前の出来事を記事にして投稿することになります。結果として、無理なく普通にSNSに日記を投稿していれば、たまに更新が遅れることがあり、「2日前の日記を書く」のとほぼ同じ効果が得られるというわけです。

【ソーシャル記憶術②】
SNSは自動復習装置である〜「タイムライン記憶術」

★SNSに投稿すると「1週間以内に3回復習」効果が得られる

なぜSNSへの投稿が、「外化」に向いているのか？　そして、なぜSNSに投稿することで圧倒的に記憶に残りやすくなるのか？

それは、SNSに投稿すると、自分で投稿した記事を何度も目にすることになるからです。Xでの投稿を例に考えてみましょう。

まずXにポストします。1時間ほどして、Xに再びログインすると、たいていタイムラインのトップに自分のポストが表示されています。

さらに何時間かしてX画面を見ると、先ほどのポストに、いくつかコメントがついています。そこでコメントに返信するわけですが、コメントに返信するときは、当然のことながら「元のポスト」の内容が頭に入っていないと返信できないわけで、コメントを書きながら「元のポスト」を見直したり、少なくとも思い出したりしているはずです。

さらに翌日にXにログインすると、昨日の記事にどれくらい「いいね！」やリプライがついているのかを確認したくなるので、昨日投稿した記事をついつい見てしまいます。さらに、その後も時間差でリプライが入ってきますから、それに返しながら記事を思い出す、ということになります。

1週間以内に3回復習すると記憶に残る。これは「記憶の大原則」ですが、SNSに記事投稿した場合、1週間以内に、間違いなく3回以上は、その記事と再接触します。

このように、SNSに投稿すると何度もその記事を目にすることになり、自然に「繰り返し」記憶の効果が得られるというわけです。

【ソーシャル記憶術③】

「うれしい」「楽しい」は記憶に残る～「いいね！記憶術」

★人に反応してもらえることで続けられる

「アウトプットすれば記憶に残る！」というと、「じゃあ別にSNSにアウトプットしなくてもいいんじゃないの？」と反論する方がいます。

アウトプットは1ヶ月、2ヶ月だけやってもあまり意味がありません。アウトプットを習慣化することで、記憶の定着が促進されます。圧倒的な自己成長をしたと自覚するためには、1年以上は続けたいところです。

例えば、読書をしてその感想を書く場合。ノートを1冊買ってきて、そこに読書感想を書いたとしても、アウトプットによる記憶促進効果はSNSに投稿するのと同じでしょう。しかし、誰にも読まれない「読書ノート」を、書き続けることができるでしょうか？　1ヶ月、2ヶ月といった短期間なら可能でしょうが、半年、1年、さらに何年も継続することができるでしょうか？　ほとんどの人は、無理だと思います。

それは、反応がないからです。誰からもけなされないかわりに、誰からもほめられない。読書感想を書き続けても、何の反応もない。あなたが地道に読書感想を書き続けている、その事実すら誰も知ることもない。そんな孤独な作業を何年も続けられる強靭《きょうじん》な精神力を持っている人は、まずいないでしょう。

しかし、SNSではどうでしょうか？　本の感想をアップすると、「いいね！」がつきますし、コメントもつきます。「いいね！」がつけば、「ああ、読んでくれているのだな」とうれしいものです。「役に立ちました」「参考になりました」とコメントが入ると、さらにワクワクします。「こんな文章でも人の役に立っているのか」と、モチベーションも上がります。

SNSというのは、読み手の評価が「見える化」されているので、ある意味おそろしくもありますが、良質なアウトプットをしている人にとっては、とても勇気づけられるメディアなのです。

1人で誰にも見せないアウトプットを孤独に行っていても、継続することは難しい。**「いいね！」やコメント、シェアをされながら、つまり承認、応援されながら、励まされながらアウトプットをすることで、モチベーションが猛烈にアップし、結果として「継続」できる。**そして、「自己成長できる」ということです。

そのためにすべきことは、「SNSに投稿する」ことだけ。なんとも簡単なアウトプット術ではありますが、その効果は絶大です。

【ソーシャル記憶術④】

アウトプットを前提としたインプットをしよう
～「見られてなんぼ記憶術」

★「読まれる」プレッシャーが記憶力を高めてくれる

読書をして感想を書く場合、SNSに感想を書いても、自分だけの「読書ノート」に感想を書いても、アウトプットによる記憶促進効果は同じ、と書きましたが、厳密にいうとかなり違います。

同じ感想文、同じ書評を「読書ノート」に書くのと、ＳＮＳに書くのとでは、全く得られる効果が違うのです。

ＳＮＳに書くということは、「他の人に読まれる」「他の人に読んでもらう」ことを前提にしています。もし、人に読まれたくない、人に読ませたくないのであれば、ＳＮＳに投稿すべきではありません。もしくは投稿を「非公開」に設定すべきでしょう。

「読まれる」という軽い緊張感が、集中力を高め、文章力を高め、記憶力を高めるのです。

誰が読むかわからないわけですから、「下手くそな文章」では恥ずかしい。否定的なコメントがつくのも嫌だから、それなりのクオリティの文章を出さないといけない。「ほど良い緊張記憶術」でも書いたように、そんなプレッシャーが適度な緊張となってノルアドレナリンを分泌させますから、記憶に残りやすくなるのです。

★５万人が読むと思うと真剣になる

私は２００４年から3年間、アメリカのシカゴに留学していました。私は大の映画ファンで、留学中は毎週４本くらい、月に15本以上は映画を見ていました。それだけ映画をたくさん見て、アウトプットしないのはもったいない話です。

そこで、アメリカで見た最新映画の批評と映画の心理学的分析、私のアメリカの体験記などを載せたメルマガ「シカゴ発　映画の精神医学」の発行を始めました。アメリカに渡ったのが4月で、メルマガ発行を始めたのは7月です。しかし、メルマガ発行を始めてから、「しまった」と思いました。

自分の英語のヒアリング力に自信がない……。アメリカに渡る前から英語はそれなりに勉強していたものの、映画を字幕なしで聞きとるレベルには到底いたっていません。一方で、映画を見て、その映画批評を掲載するメルマガは、既に動き出してしまった。これはもう、必死に聞きとるしかありません。とにかく全神経を集中して、聞き逃さないように。そんな真剣な態度で毎回映画にのぞみました。

結果として、猛烈なスピードでヒアリング能力は向上、渡米1年目で7～8割、2年目に入ると9割以上を聞きとれるようになったのです。

気合の入ったメルマガを発行していたおかげもあり、日本最大のメルマガ配信スタンドの「まぐまぐ！」の「まぐまぐメルマガ大賞」で全メルマガ中、総合第3位。エンタテインメント部門賞、さらに新人賞を受賞し、一気に人気メルマガになりました。最大で読者数が5万人のメルマガへと成長したのです。

5万人が読むと思うと真剣になります。後でメルマガに記事を書かなければいけないわけですから、真剣にヒアリングし、真剣に映画のストーリーやセリフを聞きとり、記憶します。アメリカ留学から既に17年がたちますが、その頃見た映画の内容は、今でもありありと記憶していますし、どの映画館で誰と、どんなシチュエーションで見たのかまで覚えています。

例えば、渡米した直後に見た、英語が全く話せない主人公に猛烈に共感したスピルバーグ監督の『ターミナル』。ハロウィンに見た超難解なストーリーのホラー映画『ソウ』。アメリカ人の精神科医仲間と一緒に見て、その心理について議論した『ロスト・イン・トランスレーション』。そして、野外映画祭で数千人の観客と見た『スター・ウォーズ　エピソード4　新たなる希望』の超感動体験……。どれも、1ヶ月前に見たかのように、生々しく思い出せます。

アウトプットを前提としたインプットをしていると、ここまで強烈に記憶に残るのです。

人間、誰かに監視されていたほうが、より良いパフォーマンスを発揮できます。

「アウトプットしなければならない」「たくさんの人が読むかもしれない」というプレッシャー、適度の緊張が、ノルアドレナリンを分泌させ、集中力、観察力、記憶力を高めてくれるのです。

【ソーシャル記憶術⑤】
視覚情報を用いると圧倒的に記憶に残る～「画像投稿記憶術」

★ 視覚情報は記憶に残りやすい

Xやインスタグラムへの投稿は、写真と一緒にアップする人が多いと思いますが、それは「記憶に残す」という視点から考えても非常にいいことです。

なぜならば、写真、絵、イラスト、図などの視覚的なイメージは、圧倒的に記憶に残りやすいからです。

被験者に口頭だけで情報を説明するよりも、それに加えて絵も使ったほうが、72時間後にテストをしたところ、6倍以上もその内容を覚えていたという実験結果もあります。

絵を用いると、圧倒的に記憶に残りやすい。これは、極めて重要な「記憶戦略」となります。

自分でイラストや絵を描き、視覚に訴える図や表を自分でまとめることで、圧倒的に記憶に残りやすくなるのです。

作業記憶の研究では「言語情報」と「視覚情報」は別々の領域で処理される、ということがわかっています。

例えば、1000人を集めたコンサート会場へ入場する場合、入口が1ヶ所しかないとすると、長蛇の列ができて間違いなく混乱します。そこで、入口を2ヶ所に増やしたらどうでしょう？　混雑は半分に減って、スムーズに入場できるようになりますね。

暗記、記憶するとき、ほとんどの人は「言語」中心にインプットしていきます。しかし「言語入口」1ヶ所にだけ詰め込もうとすると、インプットできる量には限りがあり、すぐにパンクしてしまいます。ですから、もう1つ「視覚入口」も利用したほうがいいのです。インプット効率が2倍、いやそれ以上にアップするはずです。

私は、SNSに記事を投稿する場合は、必ず「写真」や「図」とともに投稿します。そのほうが、目にとまり記事を読んでもらえるから。そして、自分の記憶に残るからです。

写真、図、表やグラフというのは、視覚的なインパクトがあるので記憶に残りやすい。

「視覚情報」を上手に活用することで、自分の記憶にも残り、読者の記憶にも残り、「いいね！」やシェアも増えてモチベーションも上がる。

一石三鳥の投稿スタイルといえます。

【ソーシャル記憶術⑥】

インプットする情報量を減らしなさい
～「知識の図書館記憶術」

★インプットすればするほど記憶に残る情報・知識は減っていく！

現代は、情報の嵐が吹き荒れています。

インターネット、スマホを通して膨大な情報が私たちに流れ込む。電車の中でも、信号待ちの間にも、さらには歩いている最中まで、その情報を処理するのに時間を割いている人が山ほどいます。

既に何度もお伝えしているように、一度だけしか見ないような情報は、よっぽど感情を揺さぶられない限りは、きれいサッパリ忘れるのが、私たちの脳の仕組みです。

1回しか見ない100個の情報と接触するのか。30個の重要な情報と接触して、時間を置いて2回見直す（トータル3回接触する）のか。かかる時間はトータルで同じだとすれば、情報収集術として、どちらが有利でしょう？

100個の情報を一度ずつ見る人は、そのほとんどを忘れます。

30個の情報を3回ずつ見る人は、そのほとんどを記憶します。

これを1年間、繰り返してみましょう。前者の頭は空っぽのままですが、後者の人の脳内には「知識の図書館」が構築されます。

多くの人は、インプット量を増やせば増やすほど、記憶に残る情報、知識も増えて、自己成長は加速すると思っているでしょうが、実際は全く逆なのです。インプット量を増やすほど、記憶に残る情報、知識は減っていきます。

時間は有限ですから、インプット時間を増やすほどアウトプット（復習）の時間はなくなっていくからです。

アウトプットされない知識は、ほぼ忘れ去られる。

それでもあなたは、インプット量を増やしたいですか？

朝から晩までスマホを片手に、情報と知識に埋もれて、生産性もなく、自己成長もない情報収集を続けたいですか？　厳しいようですが、それはゴミを捨てられないでため込み続ける、ゴミ屋敷のようなものです。

情報を集めすぎる人は、脳内に使えない「情報のゴミ屋敷」を作ります。
情報を厳選して集める人は、脳内に「知識の図書館」を構築するのです。

★ファイルは検索するな！

「ゴミ屋敷」と「知識の図書館」の違い。それは、情報・知識が、整理されているかどうかです。整理されていると、情報を取り出す時間も短縮されます。

自分が書いた感想や気づきを15秒から30秒で想起、再生できれば、脳内に記憶しようが、パソコンやSNS上に記憶しようが変わりがない、というのが「外化」について書いた本章のポイントです。

ここで重要となるのは、「15秒から30秒」という時間制限です。自分が欲しい文書を開くのに3分もかかっているようでは、「記憶している」とは到底いえない状態となります。

「後から検索すればいい」と思っている人がほとんどでしょうが、自分が欲しいファイルを検索しても、瞬時に開けないことがあるはずです。

例えば、「記憶」というキーワードで私のパソコン内を検索したところ、1373個の項目が検索されました。ここから、「記憶」に関するあるファイルを捜すとすれば、またかなりの時間がかかってしまいます。

「検索する」というのは、時間の節約のように思うでしょうが、私にしてみれば、パソコン内を「検索する」のは時間の無駄です。自分が求めているファイルが最初からどこのフォルダに入っているか覚えていれば、いきなりフォルダから文書を開くことができ、「検索する」よりよっぽど早くファイルにたどりつけるからです。

そのためには、「ファイル」や「ドキュメント」を整理整頓しておけばいいのです。

例えば、本書『記憶脳』についての「記憶」に関する原稿やメモは、「記憶脳」という1つのファイルに収められています。それも、「ドキュメント」-「2015執筆」-「記憶脳」のように階層化し、さらに「記憶脳」の中に「old」というファイルを作り、「処理ずみ」のファイルをまとめて入れています。

記憶に関するある原稿を取り出したい場合、「記憶脳」のファイルを開けば、そこから目的とするファイルが瞬時に見つかります。このように、ファイルをきちんと整理整頓しておくことで、検索よりも早く、所定のファイルを開くことができます。

パソコン内のファイルは、常に整理整頓を進めておくべきです。

デスクトップにたくさんのファイルが散乱しているような状態では、パソコン内の情報を「脳外記憶」として瞬時に参照することはできません。

【ソーシャル記憶術⑦】

インプットとアウトプットのバランスを保て 〜「情報バランス記憶術」

★重要なのは覚えることではなく自己成長を加速すること

インプットが多すぎるのはだめといいましたが、ではアウトプットが多ければ多いほどいいのかというと、必ずしもそうではありません。インプットが少ないのに、アウトプットだけ頑張っても、アウトプットがスカスカになってしまいます。

例えば、毎日更新されるけれど、つまらない記事ばかりで読むに堪えないブログ。あるいは、毎月のように出版しているけれども、どれも薄い本ばかりのビジネス書作家、などがいい例です。

インプットの質と量が担保されてこそ、はじめていいアウトプットができます。インプットとアウトプットのバランスがとれた状態が、最も自己成長を加速させるのです。

インプットとアウトプットの最適な比率は3対7です。（『アウトプット大全』サンクチュアリ出版より引用）

ビジネスパーソンの場合、「たくさん勉強しているのに結果が出ない」という人は、インプットが多い割に、アウトプットが少ない場合がほとんどです。

何度もいいますが、アウトプットしないと忘れます。アウトプットしないで、インプットだけ続けることは、ザルで水をすくうのと同じことです。

よく、「アウトプットする時間がありません」という相談を受けますが、その対処法は簡単です。インプット時間を削って、アウトプットの時間に回せばいいのです。

例えば、月に3冊本を読む人がいたとします。それでアウトプットをほとんどしていないのであれば、忘れるために本を読むようなものです。それであれば、読む冊数を1冊に絞って、その1冊についてきちんとアウトプットする。そのほうが本の内容が記憶に残ると同時に、はるかに自己成長につながります。

私がこの本を書いた目的は、みなさんの「記憶力」を伸ばすことではありません。**記憶力が良い、悪いに関係なく、アウトプットすれば、誰でも記憶に残すことができる**と伝えることです。

重要なのは、「記憶力」にとらわれずに文章力、表現力、構成力、問題解決能力、コミュニケーション力などの「ビジネススキル」を伸ばし、自己成長を加速することです。そのためにインプットとアウトプットのバランス3対7を意識しながら、自己成長につながるアウトプットを習慣化していただきたいと思います。

第6章

脳の作業領域を増やして仕事を効率化する

～精神科医の「脳メモリ解放仕事術」

「脳メモリ」を解放して仕事効率、学習効率を上げる
～「脳メモリ解放仕事術」

★「ど忘れ」の本当の原因とは？

別の部屋に物をとりに行ったとき、部屋のドアを開けた途端に、「そういえば、何をとりに来たんだっけ？」と、とりに来た物を忘れてしまう。そんな経験はありませんか？

こんな「ど忘れ」は、誰にでもあると思いますが、こうした「ど忘れ」がたびたび起きると、認知症にでもなったのかと心配になります。しかし、こうした「ど忘れ」は、認知症や長期記憶とは直接、関係がありません。

歩いている途中に考え事をしていた、あるいはスマホに気をとられたなどの理由によって、脳が一時的に情報過多になったのです。

人間の記憶力は、膨大な情報を記憶できるポテンシャルを持っているものの、情報入力の入口は非常に狭く、簡単にオーバーフローを起こしてしまいます。

脳の中には、脳の作業スペース、すなわち作業記憶（ワーキングメモリ）があります。脳を使って考えたり、判断したり、記憶したり、学習したりするための作業スペースが作業記憶です。

数秒から、長くても30秒ほど、ごく短い時間だけ情報を保持しますが、その情報処理が終わると、すぐにその情報は消去され、次の情報が上書きされていきます。

例えば、友達から携帯電話の番号を告げられたとき、スマホにそれを入力するまでの間、頭の中にその番号が記憶されているはずです。しかし、登録が終了した瞬間に、その番号は脳の中から消えてなくなります。そんなときに使われているのが「作業記憶」です。

あるいは、「26－7＋12」を暗算してください。

「26－7」で、「19」。「19＋12」で答えは31となりますが、この途中に出てきた「19」という数字が短時間保持されないと、次の計算ができなくなります。

こうしたときに、脳内の作業スペース「作業記憶」が使われているのです。

★脳は一度にたくさんのことを処理できない

今日中に締め切りを迎える仕事が5件あったとしましょう。そんな状況で、あなたはかなり追い込まれ、そして焦るはずです。かなりのペースで仕事をこなしていかないと到底終わらず、パニック状態に陥るかもしれません。こんな状態を「テンパる」といいます。

しかし、今日の仕事が2件しかなければ、テンパることもなく余裕でこなせるでしょう。

「テンパる」というのは、実は、作業記憶の不足状態、パソコンでいうところの、メモリ

不足で動作が不安定になってしまった状態なのです。

さて私たちは、どれくらいの情報を同時に処理できるのでしょう。

作業記憶の処理能力として、一昔前までは、「7±2」、つまり7つくらいのことを同時に処理できるという「マジカルナンバー7」という仮説が広く知られていました。しかし最近の研究では、そんなに多くはなく、「4」前後が妥当であるといわれています。

これは、実験レベルで測定できる「単語の数」や「数字のユニット数」で測定したものです。仕事や日常的な情報処理でいうと「3」とさらに少なくなります。

いずれにせよ、**作業記憶で一度に処理できる情報量は非常に少ない。そして、その情報量を超えると、処理スピードが著しく低下するか、作業停止してしまう。**あるいは、今聞いたばかりのことを忘れてしまう「ど忘れ」が起きてくるのです。

同時に処理できる数というのは、作業記憶の個人差や作業の負荷によっても変化しますが、本書ではわかりやすく「3」という数字で統一したいと思います。

作業記憶を「脳の作業スペース」とイメージするとしたら、そこには3つのトレイ（皿）がのっています。そこに「視覚情報」「聴覚情報」「考え」「アイデア」などが、次から次へと入ってきます。それを瞬間的に、あるいは秒単位で処理してトレイを空にしていく。そして、また次の情報を処理していくというイメージです。

★脳のメモリを解放すると仕事がはかどる！

「作業記憶」はパソコンでいうところの「RAMメモリ」のようなものです。「作業記憶」は、海馬に一時保存された情報、側頭葉に長期保存された情報ともに瞬時にアクセスして情報処理を行っています。「作業記憶」を中心として、海馬への情報アクセスなども含めて、短時間で情報処理をする脳のメモリスペースを、本書ではもう少しわかりやすく**「脳メモリ」**と表現したいと思います。

初期の頃のパソコンを使った経験のある人は、思い出してください。パソコンでソフトウェアを3つも立ち上げると、パソコンの速度が異常に低下しました。さらに、ソフトを4個か5個立ち上げると、パソコンがフリーズして、全く動かなくなります。これは、メモリ不足が生じるためです。それを防ぐためには、不必要なソフトを立ち上げない、使わない常駐ソフトは極力オフにするなど、メモリの空きスペースをできるだけ大きく確保することが重要です。

これは脳についても、そのまま当てはまります。

「今日の3時から重要な会議がある」「5時までに見積書を提出しないと」「夜8時からの彼女とのデート楽しみだな」「スマホのメッセージをチェックしないと」……。頭の中でこうした考えが複数浮かんでいるときは、私たちは「脳メモリ」を消耗しているのです。

脳のトレイは3つしかありませんから、メインの仕事にこうした「雑念」が入ると、それだけで「脳メモリ」はオーバーフローを起こし、仕事効率を低下させてしまいます。

ですから、一度にたくさんのことを考えすぎない。**一度に複数の仕事をこなさないなど、「脳メモリ」の負担を減らす、つまり「脳メモリ」を解放することで、仕事効率、学習効率をアップさせることができるのです。**

「記憶術」からは少々それるかもしれませんが、本章ではその方法「脳メモリ解放仕事術」についてお伝えしていきます。また、脳メモリを最大にするための「TO DOリスト」の正しい使い方や、知識の荷降ろしの方法についてもご紹介します。

脳メモリを最大化する7つのルール

★頭の中を掃除し、余計なことは考えない

「後で、メールしないといけない」「○○の件はどうなっているかな」といった懸案事項が頭の中にあると、パソコン内の常駐ソフトが知らないうちにメモリを消耗しているように、気がつかないうちに私たちの脳メモリを消耗しています。

自分では意識しないかもしれませんが、結果として、仕事の効率を大幅にダウンさせる

原因となっています。

では、どうすれば脳メモリを増やすことができるのでしょう？

頭の中をキレイに掃除し、余計な考えを頭の中から全て外に出してしまえば、脳メモリを最大化することができます。

その具体的な方法を7つ紹介します。

【脳メモリを最大化する7つのルール①】
マルチタスクしない

★脳は一度に2つのことができない

私たちは、同時に2つ以上のことをこなす「マルチタスク」をやりたがりますが、多くの脳科学研究は、脳はマルチタスクをこなせない、マルチタスクをこなそうとすると、脳の効率は著しく低下する、ということを示しています。

例えばある報告によると、似たような2つの作業を一度に行おうとする場合、効率の低下は80～95％にもなるそうです。

また他の実験では、マルチタスク下で運転すると、反応時間が約1・5秒も遅くなることがわかりました。1・5秒は時速50キロだと、約20メートルも進むことになります。

あるいは、運転中に何かをとろうとしたり、携帯電話に気をとられたりしたことが原因で交通事故が起きた、というのもよく聞く話です。

マルチタスクをこなしているようで、実は脳の中では、「切り替え」が何度も行われている。

実際は1つずつのタスクを交互にこなしているだけなのです。

つまり、脳は「切り替え」のために無駄なエネルギーを相当消耗しているのです。

マルチタスクを上手にこなす人もいることは確かですが、そうした人は作業記憶が人より優れている。つまり、脳のトレイが3つではなく、4つか5つくらいあるのでしょう。

マルチタスクはしない。目の前の作業に100%集中する。仕事は1つ1つ完了させていくことが、最も賢い脳の使い方といえるのです。

★音楽は仕事にプラスか？ マイナスか？

マルチタスクは仕事の効率を下げるというと、「いや、自分の場合は、音楽を聴きながら仕事をしたほうがはかどる」という人もいるはずです。

音楽を聴きながら仕事をすると、仕事ははかどるのか、それとも仕事にマイナスの効果を及ぼすのか？

約200の論文を分析した研究によると、「音楽を聴くと仕事がはかどる」とする研究と「音楽を聴くと仕事の邪魔になる」とする研究がほぼ同数だったそうです。細かく見ると、記憶力、読解力に対してはマイナス。気分や作業スピード、運動に対してはプラスに働くことが多いという結果になりました。

外科のドクターに話を聞くと、「手術中は自分の好きな音楽をかけたほうが集中できる」と言う人が多くいます。それは、手術は「記憶」「読解」ではなく「作業」だからでしょう。工場の作業ラインで音楽をかけて、作業効率をアップさせている会社もあります。手や体を動かす「作業」「運動」には音楽はプラスに働くのです。

音楽は、「学習」「記憶」「読解」などにはマイナスに、「作業」「運動」にはプラスに働く。

あなたの仕事がどのような内容なのかによって、音楽の効果は変わるのです。

【脳メモリを最大化する7つのルール②】

気になることは全て書き出す

★「マルチシンク」もNG〜「書いて忘れる」で脳メモリをセーブせよ

2つ以上のことを同時にこなすことが「マルチタスク」。実は、行動には移さなくても、**2つ以上のことを考えただけ、すなわち「マルチシンク」だけで、脳メモリは消耗します。**

「後でメールしないといけない」「○○の件はどうなっているかな」「15時から会議」など、頭の中にいろいろな「考え」が飛び交い、「あれもこれも」の状態になっていると、脳メモリが消耗してしまうのです。

ではどうすれば、そうした「雑念」をかき消すことができるのでしょうか？

最も簡単な雑念消去の方法は、「書く」ことです。正確には「書いたら忘れる」ということ。

私は、予定やスケジュールに限らず、気になることは全て書き出していきます。今日の仕事に関することは「TO DOリスト」に書き、それ以外のアイデア、ひらめきに関しては、パソコン上の「付箋」に書きます。

仕事をしていると、仕事に関連したアイデアがふとひらめくものです。せっかく浮かんだアイデアですから、忘れてしまうのはもったいない。とはいっても、そのアイデアについて深く考え始めると、「目前の仕事」から脱線してしまいます。そこで、アイデアやひらめきは瞬時にメモし、また元の仕事に戻ります。

ノートパソコンで仕事をしている場合は、紙のメモに書くよりも、デスクトップ上に既に開いているデジタル「付箋」を使ったほうが早い。1〜2行のメモをするだけなら、10秒か15秒ほどで完了します。その後はまたすぐに元の仕事に戻ります。

こうすることで、集中を切らさずに仕事を続けることができるのです。

ここで、きちんとメモしておかないと、後で同じような考えがまた浮かんできて、仕事を邪魔します。重要なのは、**「書く。そして、書いたらきれいに忘れる」**ということです。

メモしたのなら、後でメモを見ればいい。だから、忘れてもOK。

「書いたら忘れる」ということを習慣化できると、頭の中に余計な情報が入り込むことなく、常に脳メモリが解放された状態となります。結果として、気持ち良く仕事を続けることができます。

【脳メモリを最大化する7つのルール③】

未完了タスクを貯めるな

★オーバーフローさせない脳の使い方

ロシアの心理学者ツァイガルニクは、いつも行く喫茶店である発見をします。

カフェの店員は、客のオーダーをメモもとらずに何人分も正確に記憶しているのに、注文の品を出した途端、オーダーの内容を全て忘れてしまう。そんな不思議な現象に気づいたのです。

後にこの発見を心理実験で裏付けして、**「途中の出来事や未完了の課題は記憶に残りやすい」**ということを明らかにしました。これはツァイガルニク効果と呼ばれます。

テレビ番組で、盛り上がってきたところにちょうど「続きはCMの後で」と入ったり、連続ドラマで「この後どうなるのか?」と先が気になるところで1話分が終わったりしてしまうのも、ツァイガルニク効果を利用して、視聴者の注意を喚起しているからなのです。

人は何か課題を達成する必要があるという場面では緊張状態となりますが、この緊張は課題が達成されるとなくなり、やがて課題自体を忘れてしまいます。**反対に、課題が中断されたり、達成できなかったりすると、緊張状態が続いてしまうため、未完了の課題は強**

く記憶に残ることになります。

ときどきブログなどで「ツァイガルニク効果」を紹介して、「中断したほうが記憶に残りやすいので、勉強や仕事は完了させないで、途中で終わらせたほうがいい」といった解説を見かけますが、これは「ツァイガルニク効果」を完全に誤解しています。

完了するまでは記憶に残っていますが、完了した瞬間に忘れてしまう。つまり、勉強や仕事を中断しても、長期記憶に残りやすくなるわけではないのです。

それどころか、「完了しない課題」をたくさん抱えると、勉強や仕事の効率は間違いなく低下します。

喫茶店の店員は、何人分のオーダーを一度に覚えられるでしょう。3人までは楽に覚えられるでしょうが、10人分のオーダーをメモなしで記憶できるかというと、かなり大変なはずです。それは、オーダー数が多くなると、脳メモリの限界を超えてしまうからです。

喫茶店の店員は、誰が何をオーダーしたのか、注文を出し終わるまで覚えています。この、未完了の記憶を仮に「ツァイガルニク断片」と呼びましょう。オーダーが増えれば増えるほど、脳メモリは忘れてはいけない「ツァイガルニク断片」で占拠されていきます。結果として、あるオーダー数を超えると、脳メモリはオーバーフローを起こします。

私たちが毎日の仕事の中で未完了の仕事をいくつも抱えることは、脳メモリを「ツァイガルニク断片」で占拠させていることになります。

結果として、それは「マルチタスク」「マルチシンク」と同様の理由で脳に負荷をかけて、脳のパフォーマンスを低下させます。

ですから、**脳を効率的に使い、仕事のパフォーマンスを上げるためには、「未完了の課題」を1つずつ片付けて、「未完了の課題」を減らすことが重要です。**

【脳メモリを最大化する7つのルール④】「2分ルール」で仕事を加速する

★小さな仕事をためない方法

「思いついた些細《ささい》な仕事」は、メモや「TO DOリスト」、付箋に書き出し、今すぐ頭の中からきれいサッパリ忘れよう。しかし一方で、これを徹底して繰り返すと、「TO DOリスト」がふくれ上がり、どうでもいいような小さな仕事が山ほどたまっていくという深刻な事態が起きかねません。

そこで便利なのが「2分ルール」です。「2分ルール」とは、「2分でできることは『今』やってしまう」というルールです。

例えば、Aさんからメールが来て、「返信しなければいけないな」と思いながら、「やっぱり、後で返信しよう」と後回しにしてしまうことがあります。たかがメールの返信ですが、「後でメール返信する」と決めると、もう一度メーラーを立ち上げ、さらにAさんのメールを開き、Aさんのメールを読み直す必要が生じます。返信を書き始めるまでに、30秒から1分もの余計な時間を、もう一度とられてしまうのです。メール返信自体は仮に30秒で終わるとすると、2倍以上の時間ロスとなります。

今すぐ終わることは、今すぐ片付ける。**「懸案中」「継続中」「未完了」の仕事をドンドンこなして、1つでも減らすことが、脳メモリの空き容量を増やすコツです。**

【脳メモリを最大化する7つのルール⑤】

決断は「30秒ルール」で行う

★即断即決をしても決断は間違えない

私は、急ぎの本はAmazonで買うことが多いのですが、買うか、買わないかは30秒以内に決めています。もし、どうしようか決めないでいると、1時間後にまた「そういえば、あの本、欲しいからやっぱり買おうかな」という考えが浮かんできてしまうからです。

そのとき決めないと、後からまた考え直すハメに陥る。改めて決断するときにもまたゼロから考え始めるので、最初と同じ時間をロスします。**「迷う」「決めない」「ペンディング」は、大きな時間の無駄であり、脳メモリの無駄遣いでもあります。**

私は、決断する場合は、できるだけ30秒以内に判断するようにしています。「決断の30秒ルール」です。どうしても判断できない場合は、「保留」という判断をします。「後で決断する」と、今決めるのです。その場合はいつ決断するのか、必ず期間を決めます。

例えば、他の人の返事などが届いていないために、どうしても今すぐ決断できないということもあるでしょう。その場合は、「3日後に決断する」と決めて、スケジュール帳に「○○の件判断」と書きます。そうすると、3日間、その案件については全く考えないですみます。

「そんなに早く決断して、間違った判断をしたらどうするんだ?」と心配になる人もいるでしょう。

「ファーストチェス理論」をご存じでしょうか? プロのチェスプレーヤーにある盤面を見せて次の手を考えてもらいます。5秒で考えた手と、30分長考した手を比較します。すると、なんと86%は手が一致したそうです。**5秒で判断しても、じっくり考えて判断しても、ほとんどの場合は、判断結果は変わらない**のです。

それならば、早く判断、決断して、脳メモリを空にし、他の仕事への集中力を高めるべきでしょう。

【脳メモリを最大化する7つのルール⑥】

机がキレイな人は仕事ができる

★まず整理整頓から始める

「机の上がキレイな人」と「机の上が汚い人」。どちらが仕事がはかどるでしょうか？

いうまでもなく、「机の上がキレイな人」は、広々とした机の上で悠々と、そして集中して仕事をこなすことができます。机の上が汚いと、そこからさまざまな雑念が発生してきます。

書類があれば、「この書類、今週が締め切りだったな」。本があれば、「この本、まだ読みかけだったな」。請求書が目に入れば、「そういえば、支払いがまだだった。今月中に払わないと」という考えが浮かびます。あるいは、「あれ、定規はどこにいった？」と物が見つからず、物探しのために集中力がリセットされることも増えるのです。

これらの雑念は、確実に脳メモリを消耗します。

脳というのは、極めて高度な情報処理ツールです。情報が入ってくると、無意識のうちに、それを勝手に処理します。

例えば車を運転していて、突然子供が飛び出してきた。そのとき、瞬間的にブレーキを踏んでいるはずです。危険に対して素早く反応できるように、常に注意が働いている。それは、無意識レベルでの「注意の網」。いわば脳のオートパイロット機能のようなものですが、何もしなくても、それだけ脳メモリを消費しているともいえるのです。

机の上に余計な物がのっているだけで、脳の注意は無意識にそこに向かい、脳メモリを消耗する。ですから、集中して仕事をするためには、まず机の上をキレイに片付ける。整理整頓から始めるべきです。

以前、船井総研に勤務していて、現在はコンサルタントとして独立している野田宜成さんから、興味深い話を聞きました。船井幸雄氏は、「『机の上がキレイ』が成功者の条件」だと、よく言っていたそうです。そして、なんと船井氏自ら、抜き打ちで、社員の机の上が整理されているのかをチェックしていた。約5000社をクライアントに持つコンサルタント会社の会長が、「整理整頓」が重要な成功法則だと語るのは大きな意味があると思います。

「机の上がキレイ」な人は、なぜ成功するのか？　いろいろな理由があるとは思いますが、脳科学的にいえば、**机の上の整理整頓ができている人は、脳の中も整理整頓できている。**脳メモリを消耗せずに、目前の仕事に高い集中力を発揮できるわけですから、成功して当然といえるでしょう。

【脳メモリを最大化する7つのルール⑦】

ときどきは「脱スマホ」をする

★「スマホチェック」が脳メモリを消耗する

本来、私たちの生活を便利にしてくれるはずのスマホ。これが、私たちの仕事効率をどれほど低下させているでしょうか。

人は集中した状態に入るのに15分以上かかるといわれていますが、邪魔が入るたびに、集中力が一旦、リセットされてしまうのです。

スマホや携帯は、私たちの時間に割って入り、集中力をリセットしてしまう最たるものです。「私は、仕事中には個人的なメッセージはスマホでは一切見ません。あくまでも、休憩時間にしかチェックしていません」という人もいるでしょう。しかし、休憩時間に入るやいなや、ポケットからスマホを出して、メッセージやメールをチェックし始める人がほとんどです。

「休憩時間に入ったら、スマホでメッセージをチェックしよう！」という考えが頭の中に常駐していないと、そんな早業は不可能です。つまり、脳の中に3個しかないトレイのうちの1つを「休み時間のスマホチェック」で、占拠してしまっている可能性があります。

仕事時間中にスマホを一切見ていなくても、「休み時間になったら、スマホをチェックしよう」という考えがしばしば脳内を去来するとしたなら、それは間違いなく脳メモリを消耗しているわけです。スマホユーザーの大部分が、大なり小なり、そうしたスマホ依存症的な状態になっているのではないでしょうか。

電車の待ち時間もスマホ。電車に乗ったらスマホ。歩きながらスマホ。そんな、24時間スマホが手放せない人は、間違いなく、頭の中の一部に「スマホのチェック」ソフトが常駐しています。

「スマホをやめなさい」とは言いませんが、**スマホが電源オンの状態でポケットの中に入っているだけでも脳メモリの消耗につながってしまうということは、知っていただきたいと思います。**

例えば、「集中して仕事をしよう！」「この仕事をどうしても1時間で終わらせよう！」という場合は、「この仕事が終わるまでは、スマホのチェックはしない」と決めて、スマホのスイッチをオフにして、引き出しかカバンの奥にしまうといいでしょう。
それによって「スマホチェック」による脳メモリの消耗を回避できるはずです。

「TO DOリスト」4つの超活用法

★本当に正しい「TO DOリスト」の書き方とは？

「10時までに問い合わせに返信」「12時からランチミーティング」「3時から会議」「5時までに見積書を提出」「夜8時から彼女とデート」……。先述したように、こうした複数の予定が頭の中にあるだけで、脳のメモリは予想以上に消耗します。

ですから、そうした「予定」「スケジュール」「懸案事項」は、「TO DOリスト」に書き出してしまえばいいのです。そして、一度忘れてしまう。

たったそれだけで、余計な雑念から解放され、脳メモリも解放することができ、目前の仕事に圧倒的に集中力を発揮できるようになります。

私は、毎日、仕事を始める前に必ず、「TO DOリスト」を書きます。「TO DOリスト」を書くことで、今日すべきこと、そして次にすべきことが明確になり、スムーズに、効率的に、次々と仕事をこなしていくことができるのです。

「TO DOリスト」を書こうといっても、適当に書いても何の効果もありません。脳メモリを解放し、圧倒的に仕事の効率をアップさせる、正しい「TO DOリスト」活用法をお教えします。

【「TO DOリスト」超活用法①】

「TO DOリスト」は紙に書いて机の上に置いておく

★「TO DOリスト」は仕事を効率化する武器になる

「TO DOリスト」は、紙に書くべきか？ それとも、スマホアプリのような、デジタルツールを使うべきか？ 議論する余地などなく、私の結論は決まっています。

「TO DOリスト」は、紙に書く以外ないのです。

なぜならば、紙に書かないと「TO DOリスト」の用をなさないからです。

私の場合、仕事をしている最中は、スケジュール帳に書いた「TO DOリスト」を常に見えるように机の上に広げています。「座右の書」というのがありますが、私の場合は「座右のTO DOリスト」。常に机の上に「TO DOリスト」がある状態です。

そうしておくと「次の仕事は何か？」という考えが脳をよぎった瞬間、視線を少し移動するだけで「TO DOリスト」をチェックすることができます。所要時間は、1秒すらかかりません。高まった集中力を維持したまま、トップスピードで、次の仕事に突入することができます。

「TO DOリスト」をスマホやタブレットのアプリで管理している人も多いと思いますが、スマホやタブレットは何分か操作しないとスリープモード（節電モード）に入ってしまいます。机の上にスマホをのせておいても、そこから「TO DOリスト」を立ち上げるのに、いちいちパスワードを入力して、画面を開かなくてはいけないという手間が生じます。

所要時間は5秒か10秒くらいかもしれませんが、パスワードを入力したりすることで、せっかく高まっていた集中力が、一度ゼロにリセットされてしまいます。これはF1のレースで1周回るごとにピットインするようなものです。非常に効率が悪い「TO DOリスト」の使い方といえます。

さらに、スマホをさわるたびに「メッセージをチェックしないと」「ゲームをしたい」という誘惑にもかられます。そんな考えが一瞬でも頭をよぎったなら、集中力がリセットされると同時に、脳メモリも大きくロスをしてしまいます。

よくネット記事などで、「TO DOリストを使っても仕事の効率は良くならない」といった批判の記事を目にしますが、そういう人は「TO DOリスト」を間違ったやり方で使っているのだと思います。

「TO DOリスト」は紙に書く。そして、常に机の上の見えるところに置いておく。

この2つの原則を守る限り、「TO DOリスト」は間違いなく私たちの脳メモリを解放するのに役立ちますし、仕事を効率化する強力な武器となります。

【「TO DOリスト」超活用法②】

「TO DOリスト」は、「書く」よりも「消す」ことが重要

★「TO DOリスト」はモチベーションも高めてくれる

スマホゲームの「パズドラ」が大人気です。ダウンロード数が6100万を突破したといいますから、単純計算で日本人の2人に1人がダウンロードしたことになります。あるいは、「ツムツム」というゲームも人気です。いずれも「落ち物系ゲーム」、略して「落ちゲー」と呼ばれるゲームで、古くは「テトリス」や「ぷよぷよ」までさかのぼります。おもしろくてやめられなくなる。極めて中毒性が高いのが特徴です。

30年以上の間、「落ちゲー」人気は変わらず、圧倒的にプレーされている。その中毒性

の秘密はどこにあるのでしょうか。

視覚刺激が「出現したとき」と「消えたとき」の2回、脳は強い神経反応を示すことが明らかになっています。

人間の脳は、ものが現れたときに反応するのは当然として、消えたときにも興奮するのです。したがって、ブロックやタイルを消していく「落ちゲー」は、脳を興奮させ、やみつきにさせるという仕組みです。

「TO DOリスト」もそうです。私は「TO DOリスト」の中で完了したものは、思いっ切り横線を引いて消すようにしています。そうすると、「やったー！」という強烈な達成感を得られます。「消す」ことによる脳の喜び効果です。

さらに、目標を達成すると、幸福物質ドーパミンが分泌されます。ドーパミンは、モチベーションの源となる物質ですから、ドーパミンが分泌されると、「よし、次も頑張るぞ！」と意欲がアップします。

「TO DOリスト」は、「書く」ことも大切ですが、「書く」こと以上に「消す」ことが重要。モチベーションを高めるツールとして「TO DOリスト」を活用するためには、達成したら、思いっ切り「消す」のがコツです。

【「TO DOリスト」超活用法③】

「TO DOリスト」で「絶対的集中状態（フロー状態）」に入れる!?

★「フロー」に入ると疲れ知らずで原稿用紙50枚以上書ける

「フロー」という言葉を聞いたことがありますか？

フローとは、別名「ゾーン」ともいいますが、心理学者のチクセントミハイによって提唱された概念です。

チクセントミハイの著書『フロー体験 喜びの現象学』（今村浩明訳、世界思想社）を引用すると、「一つの活動に深く没入しているので他の何ものも問題とならなくなる状態、その経験それ自体が非常に楽しいので、純粋にそれをするということのために多くの時間や労力を費やすような状態」のことです。

一言でいえば、「絶対的な集中状態」でしょうか。時間を忘れて仕事に没入し、気がつくと圧倒的な質で量をこなしている、という状態です。スポーツ選手であれば、ほど良い緊張感に支配されながら、楽しくプレーができる余裕があり、結果として普段以上の結果や記録を出している、そんな状態です。

私は本の執筆をしているときに、しばしばフローを経験します。本書の執筆においても、

10回以上はフローの状態で執筆できたと思います。私の場合、フローに入ると、次々と文章が流れるように浮かんできます。自分の考えが次々と文章化されていくのが楽しくてしようがない。気がつくと夕方になっていて、原稿用紙50枚分以上も書いていた、といったこともあります。

疲れ知らずで、時間があっという間にすぎ、苦もなく1日で大量の原稿を書き上げてしまう。それも圧倒的に楽しい気分に支配されながら。

その瞬間が楽しくて、楽しくてしようがないので、「もっと書きたい！」とモチベーションが上がります。

★高度な集中力を持続させる方法

こうした「フロー」に意識的に入ることができれば、圧倒的なパフォーマンスで仕事を片付けることができます。

では、どうやれば「フロー」に入れるのでしょうか。

私は「TO DOリスト」の活用をお勧めします。

「次に何をやろうか?」「次に、すべきことは?」ということを、いちいち考えない。「これが終わったら、これ」という流れが、詳しい工程表のように決められている、あるいは無意識に体が全て記憶している……。こんなときは、目の前の仕事にのみ集中することができます。

実は、「次に何をやろう？」という疑問が、一番集中力を妨げるのです。脳の集中力が高まり、作業効率がアップしている状態で「次に何をやろう？」という考えが浮かぶと、集中の糸は切れてしまいます。集中力がリセットされてしまうのです。それでは、フローに入ることは困難でしょう。

「次に何をやろう？」ということをいちいち考えずに流れるように作業に没頭すればフローに入りやすいということですが、そのために活躍するのが「ＴＯ ＤＯリスト」です。

「ＴＯ ＤＯリスト」を使うことで、集中力を途切れさせないことが可能となります。

一般的にはフローに入るのは難しい、といわれていますが、「ＴＯ ＤＯリスト」を上手に活用することで、意識的にフローに入り、圧倒的なパフォーマンスを楽しく実現することができるのです。

【「TO DOリスト」超活用法④】

「TO DOリスト」は、朝に書く

★朝1番に「TO DOリストを書く」ことではじまる好スパイラル

あなたは、「TO DOリスト」をいつ書きますか？　私は朝、机に向かって、仕事を始めようというその瞬間に「TO DOリスト」を書きます。

私の友人たちに、「TO DOリストは、いつ書きますか？」と質問してみたところ、「朝書く」派と「夜書く」派に、真っ二つに分かれました。「夜書く」派の人は、「明日の仕事の流れを把握できて、安心して眠れる」と言うのですが、おそらく逆の人もいるでしょう。

私は『精神科医が教えるぐっすり眠れる12の法則　日本で一番わかりやすい睡眠マニュアル』（Kindle電子書籍）という本を出しています。この本だけではなく、他のほとんどの睡眠本にも**「寝る前に明日のことを考えるのは、睡眠に悪影響」**と書かれています。

睡眠に対して、一番良くないのは、「不安」です。寝る前に不安や心配がよぎると、眠れない原因になります。明日のことを考えると「〇〇はどうしよう」と不安になりやすいので、考えないほうがいいというわけです。

「いや、明日のことを考えるとワクワクする」という人もいるでしょうが、ワクワクしているときには、ドーパミンという脳内物質が出ています。ドーパミンは、ワクワク、ドキドキの興奮系の幸福物質なので寝る前に分泌されると、睡眠を妨げます。遠足の前の日の晩、「明日の遠足が楽しみで眠れなくなった」というのは、まさにこうした原因によります。

寝る前には、不安になってもいけないし、楽しくなってもいけない。ですから、寝る前に「TO DOリスト」を書くことはお勧めできません。

私も寝る前に「TO DOリスト」を書いてみたこともありますが、一晩寝て改めて考え直してみると、新しい仕事が増えたり、優先順位が変わっていたりすることがよくありました。

睡眠中に記憶が整理されるということは、既に説明しました。グッスリ眠って起きてから判断すると、感情に左右されずより正しい判断ができるわけです。つまり、夜に「TO DOリスト」を書くと、翌朝修正しないといけないことになります。そんな二度手間をかけるくらいなら、最初から朝に「TO DOリスト」を書けばいいのです。

朝に「TO DOリスト」を書くと、「今日も1日頑張るぞ！」とモチベーションも上がります。目標設定をすることで、ドーパミンが分泌されるのです。夜のドーパミンと違い、

朝のドーパミンは1日の活力になりますから、お勧めです。

その日の朝、始業と同時に、今日1日のイメージを作り上げます。ありありとイメージできると、たいていその通り効率的に仕事をこなせて、充実した1日を過ごせるものです。

「忘れる」ことが最強の仕事術である
～「荷降ろしインプット術」

★「忘れる」ことは悪いことではない

多くの人は「忘れる」ことを「罪」であるかのようにとらえ、「忘れる」ことを嫌い、何とか「忘れない」努力を必死にしているはずです。

しかし、私は「忘れる」ことは、別に悪いことではないと思っています。忘れても後で思い出すことができれば、全く問題ない。実は、「忘れない」ように頑張ることで、脳メモリを無駄に消耗しているのです。

私は、「本を書き上げる」など大きな仕事を終えた後は、意識的にそれを忘れるようにしています。頭の中から「大きな荷物」を片付けるように、きれいサッパリ忘れてしまう。

それを私は、記憶の「荷降ろし」と呼んでいます。

意識的に「忘れる」ことによって、新しいことを猛烈な勢いで吸収できるようにする。結果的に、次の仕事もうまくいく。

この章の最後にそんな「荷降ろしインプット術」を紹介します。

【荷降ろしインプット術①】

「逆ツァイガルニク効果」で記憶を消去する

★私が年に3冊ずつ本を書き続けられる理由

私は、2009年にビジネス書をはじめて出版して以来、ほぼ年に3冊ペースで本を書いて出版しています。「年に3冊ずつ本を書き続けている」と言うと、ほとんどの人は驚いて「どうして、そんなに本が書けるのですか?」と言います。「どうやって、本を書くためのインプットをしているのですか?」「どうして、そんなに膨大なインプットとアウトプットを繰り返すことができるのですか?」「ネタ切れにならないのですか?」……。

私が年に3冊ずつ本を書き続けられる理由は、簡単です。それは、本を書き続けているからです。「何だ、それは? 全く理由になっていないじゃないか」と思う人も多いでしょう。しかし、「本を書く」ということが、膨大なインプットとアウトプットをこなす、最も効率的な方法なのです。

例えば、先に出版した拙著『読書脳』。この本を書き始める前に、「読書」「インプット」「情報活用」に関する本を20～30冊読んで予備情報を集めました。さらに学術論文も数十本、目を通しました。膨大なインプット量ですが、1ヶ月くらいで集中して行うと、意外と効率的にできます。同じジャンルの本をまとめて読むと、読むスピードが猛烈に速くなります。また、それぞれの本に書かれた共通点、相違点なども明確になり、知識の整理が効率的にできるようにもなります。

その後、1ヶ月かけて本の目次を書き、次の1ヶ月間で集中して「執筆」します。そしてついに、本が書き上がります！「やったー、書き終えた！ ついに、終わった！」と大喜びします。

次に何をするのかというと、まず読み終えた20～30冊の関連本と論文のコピーを段ボールに入れて、地下の倉庫にしまうのです。**自分の部屋から「読書」関連の本を全て処分するのと同時に、頭の中からも自分の書いた本の内容、「読書術」についての知識を全て消去します。**

「消去する」といっても、自分の記憶を自分で選んで消去することはできませんから、あくまでも「気分」の問題です。「もう全部終わったので、きれいサッパリ忘れよう」という気分にするわけです。

自分の読書術については、この1冊の本に全て出し尽くした。もし忘れても、必要があれば自分の本に目を通せばすぐに思い出せます。

すると、不思議なことに、「読書術」に関する知識が、自分の頭の中からスッキリと消えてなくなります。

これは、「逆ツァイガルニク効果」とでもいいましょうか。「継続中の出来事についての記憶は、強く保持される」のがツァイガルニク効果ですが、その反対をいえば「完了した出来事についての記憶は、忘れやすい」ということです。

ということで、本の脱稿と同時に、その内容について考えるのは一切やめて、忘れるよう習慣づけます。

そうすると、本当に忘れるのですから、不思議です。

最終確認が終了して、本が発売されるまでに数週間ほどかかるのですが、その間、一切その本の内容は考えないようにしています。すると、できあがった本を読んだときに「おお、この本、結構、おもしろい」「ずいぶんといいこと書いてあるね」と、他人が書いた本のように楽しめるのです。

【荷降ろしインプット術②】

書いたら全て忘れてかまわない！

★忘れることで次のインプットができる

多くの人は「忘れない」「覚える」「記憶する」ことに執着しますが、「書いたら忘れていい」のです。むしろ、書いたらスッカラカンに忘れて、頭を空っぽにしていいのです。

スッカラカンに忘れることで、脳の中に、次のインプットのための準備スペースができます。頭の中の「ツァイガルニク断片」を、残さず掃除すると頭が実に軽くなります。

私は本を書き終えた直後、猛烈にしたくなることがあります。

それはインプットです。本を書いたばかりだというのに、猛烈に本を読みたくなります。

ただし、書き終えた本とは、全く別のジャンルの本です。たいてい、次の執筆テーマは決まっているので、そのジャンルの関連本をAmazonで10冊ほど注文して読み始めます。

さらに、その本の参考文献に載っている本を注文し「数珠つなぎ読書」をしていきます。

私は、これを「脳の荷降ろし」と呼んでいます。

自分の部屋から、本を全て片付けてしまう。と同時に、頭の中でも、それまでの知識を全て片付けてしまうのです。この「脳の荷降ろし」をすることで、脳の中に次の膨大なインプットをするための「スペース」ができあがるというわけです。

あなたも、そういう経験をしたことはありませんか？　重要なプレゼン、発表をするとき。発表当日までは膨大な資料、文献に目を通して、質問に備えて細部まで記憶していたはずが、プレゼンが終了した途端に、きれいサッパリ忘れている……。

ここで、多くの人は「忘れちゃいけない」と思うでしょう。「また、次のプレゼンもあるし」「せっかく覚えたのに」などと思いがちです。しかしそうなると、それは「完了していない出来事」になってしまいます。「ツァイガルニク断片」が頭の中に残り続け、あなたの脳のメモリを消耗し続けるということです。

つまり、次の案件のインプットをしようとしても、モチベーションも上がらないし、本や資料も読み進められない。思うように頭の中に入ってこないのです。

書いたら忘れていい。いや、書いたら忘れるのです。忘れたとしても、書いたものを見た瞬間に、読み返した瞬間に、知識はありありと思い出されます。

私たちの「記憶の本体」は、そう簡単にはなくなりません。「記憶の索引」を忘れるだけなのです。「書く」ということは、無数の「記憶の索引」を物理的に複製する作業なので、書いたら忘れても、すぐに思い出せるというわけです。

「忘れる」ことが最強の記憶術、仕事術であることがおわかりいただけたでしょうか。

おわりに

「記憶脳」を鍛えてあなたの可能性を無限に広げよう！

本書を最後までお読みいただき、ありがとうございます。

ここまで読んだあなたには、本書『記憶脳』が、単なる「暗記術」とは全く異なることを理解していただけたはずです。頭の中に情報をただ蓄えるだけの「従来の記憶術」は、既に過去のものといえます。

本書で紹介したのは、情報を脳の中に蓄えることにこだわらず、インターネットやSNSなど自分の外側に「記録」することで、記憶のポテンシャルをほぼ無限に広げるという、いわば「覚えない記憶術」。これからの時代にマッチした「未来の記憶術」といえるのです。

記憶力は成人する頃にピークを迎えますが、その後落ちていく一方、というわけではなく、歳をとっても伸ばすことができる。さらに「大人の能力」を活用することで、歳をとるほどに、今まで以上にバリバリと仕事をこなすことができる。そして、「運動」や「睡眠」など、脳を活性化し、脳の老化を予防する生活習慣を実践することで、脳と体両方の健康を手に入れることができる……。

何のトレーニングもしない人は毎年脳が萎縮し、脳の老化と機能低下が進み、認知症が忍び寄ります。「老化」「加齢」「歳をとる」という言葉に悲観的な未来をイメージする人が多いでしょうが、それは脳を鍛えないからです。

脳を鍛え続ける人には、さらなる「脳力アップ」「仕事力アップ」が期待でき、そしてインプットとアウトプットの繰り返しによる爆発的な自己成長による「無限の可能性」が開けているのです。

「アウトプット」こそ究極の成功法則である

「はじめに」でも書いたように、医学部に入った私は同級生たちの暗記能力に驚き、記憶力で勝負しても彼らには絶対に勝てないと悟りました。

単純な記憶力以外の部分で、彼らに勝つ方法はないのか……。その後私は、精神科医として積極的に学会発表を行い、趣味としてスープカレーのサイトを作り、アメリカ留学中に映画のメルマガを発行し、帰国後はＳＮＳを使って精神医学の情報をわかりやすく伝え、本も多数執筆してきました。

30年超にわたりさまざまな試行錯誤をしてきた結果、「自分らしさ」や「個性」を発揮しながら、自分のポテンシャルを最大に引き出す方法を、私は発見しました。

それは「究極の成功法則」といってもいいでしょう。その「究極の成功法則」とは……。

既にお気づきですね。そう、「アウトプット」こそが「究極の成功法則」なのです。

そして、アウトプットは、「究極の記憶術」でもありました。アウトプットすることで圧倒的に記憶に残り、そしてそれが自己成長の糧となるのです。

インプットとアウトプットをとにかく繰り返すことで、螺旋《らせん》階段を上るように自己成長していく。アウトプットだけではなく、当然、インプットを十分にしてこそ、あなたの自己成長は加速します。

私の前著『読書脳』には、私が毎日行っている「インプット術」の全てを盛り込みました。そして、本書『記憶脳』には、私が毎日行っている「アウトプット術」の全てを盛り込みました。つまり、2冊で1つ。お互いに、補完し合う関係になっています。もし、『読書脳』をまだ読んでいない方がいましたら、あなたのインプット力を最大化して、より良いアウトプットを行うためにも、是非、手にとっていただきたいと思います。

「自己啓発書や仕事術の本をどれだけたくさん読んでも、自分の人生や職場での地位も給料も、何も変わらない」と悲観的なことを言う人がいます。厳しいようですがそれは、ただ本を読んだだけで、アウトプットをしないからそうなるのです。

アウトプットしない。ただ本を読んだだけでは、効果が出るはずがありません。

本書では、私の30年を超える試行錯誤を、さらに最新の脳科学によって裏付けた「記憶術」を多数紹介しました。これらのノウハウを1つ1つアウトプットしながら行動に移していただければ、「何も変わらない」ということは、絶対にあり得ないでしょう。

ほとんどの人は、「インプット過剰のアウトプット不足」です。インプット時間を削ってでも、少しずつアウトプットを増やしてみる。実際に試していただければ、間違いなくあなたも自己成長の螺旋階段を上り始めます。

スマホを見る人ではなく、スマホで見られる人になる

毎日、電車に乗るたびに思います。「よくみんな、スマホばかり見ているな……」と。

見ているサイトや動画はいろいろでしょうが、ほとんどの人は「インプット」のためのツールとしてスマホを使っています。

そうした時間を、ほんの少しアウトプットに回すだけで、人生は変わります。

世の中の人を2つに分けると、「情報受信者」か「情報発信者」かのどちらかになりま

す。おそらく割合は、ザックリいうと99％の「情報受信者」と1％の「情報発信者」。あるいは、99・9％の「情報受信者」と0・1％の「情報発信者」かもしれません。「検索する人」と「検索される人」。「お金を払う人」と「お金をもらう人」と言い換えてもいいでしょう。

あなたは、どちらになりたいですか？

幸いインターネットの世界では、SNSもブログも、情報発信のためのツールはほとんど無料で使うことができます。あなたが「情報受信者」から「情報発信者」に変わろうと思えば、今日からでもできるはずです。

私のように何十万人に情報を発信する必要はありません。情報発信は、「数」が全てではありません。私のスープカレーサイトも、最初は1日10人しか見ていませんでした。

情報発信というアウトプットをすることによって、あなたの「記憶」力が鍛えられ、あなたの「記録」が増殖し、あなたは猛烈に自己成長するのです。

さらに人の役に立つアウトプットをすれば、人から感謝され、喜ばれながら、自分自身も成長していく。

結果として、心、脳、体の健康まで手に入る。

そんな素晴らしいことがあるでしょうか？

勉強・学習の習慣、そして運動習慣、健康な生活習慣が広がれば、メンタル疾患に悩む患者さんも間違いなく減るはずです。

そんなふうに、この本をお役立ていただけるならば、精神科医としてこれ以上の幸せはありません。

〈『記憶脳』読者プレゼント〉

本書『記憶脳』をより活用していただくために、特典動画「1日10時間集中できる！　8つのテクニック」をプレゼントします。

以下のURLから無料でダウンロードできます。

「1日10時間集中できる！　8つのテクニック」（動画26分）

https://kabasawa8.com/fx/kioku

【主要参考文献】※順不同

『記憶力を強くする　最新脳科学が語る記憶のしくみと鍛え方』（池谷裕二著、講談社）
『受験脳の作り方　脳科学で考える効率的学習法』（池谷裕二著、新潮社）
『脳の力を100％活用する　ブレイン・ルール［DVD付き］』（ジョン・メディナ著、小野木明恵訳、NHK出版）
『記憶と情動の脳科学　「忘れにくい記憶」の作られ方』（ジェームズ・L・マッガウ著、大石高生、久保田競監訳、講談社）
『なぜ、「あれ」が思い出せなくなるのか　記憶と脳の7つの謎』（ダニエル・L・シャクター著、春日井晶子訳、日本経済新聞出版）
『大局観　自分と闘って負けない心』（羽生善治著、角川書店）
『脳のワーキングメモリを鍛える！　情報を選ぶ・つなぐ・活用する』（トレーシー・アロウェイ、ロス・アロウェイ著、栗木さつき訳、NHK出版）
『オーバーフローする脳　ワーキングメモリの限界への挑戦』（ターケル・クリングバーグ著、苧阪直行訳、新曜社）
『もの忘れの脳科学　最新の認知心理学が解き明かす記憶のふしぎ』（苧阪満里子著、講談社）
『「テンパらない」技術』（西多昌規著、PHP研究所）
『言葉にして伝える技術　ソムリエの表現力』（田崎真也著、祥伝社）
『東大合格生のノートはかならず美しい』（太田あや著、文藝春秋）
『フロー体験　喜びの現象学』（M・チクセントミハイ著、今村浩明訳、世界思想社）
『脳を鍛えるには運動しかない！　最新科学でわかった脳細胞の増やし方』（ジョン・J・レイティ、エリック・ヘイガーマン著、野中香方子訳、NHK出版）
『精神科医が教えるぐっすり眠れる12の法則　日本で一番わかりやすい睡眠マニュアル』（樺沢紫苑著、Kindle電子書籍）
『脳を最適化すれば能力は2倍になる』（樺沢紫苑著、文響社）
『読書脳』（樺沢紫苑著、サンマーク出版）
『学びを結果に変えるアウトプット大全』（樺沢紫苑著、サンクチュアリ出版）
〈公募論文〉ヘーゲル『精神現象学』における「外化」概念（小池直人著、『哲學⑷』、p133－143、1991年4月）

本書は小社で単行本（２０１６年１月）で刊行された『覚えない記憶術』を改題、加筆、再編集したものです。

樺沢紫苑（かばさわ・しおん）

精神科医、作家。1965 年札幌生まれ。札幌医科大学医学部卒。2004 年から米国シカゴのイリノイ大学精神科に 3 年間留学。帰国後、樺沢心理学研究所を設立。「情報発信によるメンタル疾患の予防」をビジョンとし、YouTube（48 万人）、メールマガジン（12 万人）など累計 100 万フォロワーに情報発信をしている。著書 46 冊、累計発行部数 240 万部のベストセラー作家。シリーズ累計 90 万部の『アウトプット大全』（サンクチュアリ出版）をはじめ、『神・時間術』（大和書房）、『ストレスフリー超大全』（ダイヤモンド社）、『言語化の魔力』（幻冬舎）、『読書脳』（サンマーク出版）など話題書多数。

• 樺沢紫苑公式メルマガ

https://bite-ex.com/rg/2334/7/

•YouTube「精神科医・樺沢紫苑の樺チャンネル」

https://www.youtube.com/@kabasawa3

記憶脳

2024 年 2 月 10 日　初 版 発 行
2024 年 3 月 10 日　第 2 刷発行

著　者　樺沢紫苑
発行人　黒川精一
発行所　株式会社 サンマーク出版
〒 169-0074　東京都新宿区北新宿 2-21-1
電話　03-5348-7800（代表）
印　刷　共同印刷株式会社
製　本　株式会社村上製本所

ISBN978-4-7631-4120-0　C0030
ホームページ　https://www.sunmark.co.jp